KB094194

일본어 동사

초급 활용

연습장

일단 써보자!
일본어 동사 초급 활용 연습장

지은이 다나카 미유키, 다락원 출판부
펴낸이 정규도
펴낸곳 (주)다락원

초판 1쇄 발행 2020년 5월 18일
초판 2쇄 발행 2022년 11월 29일

책임편집 한누리, 송화록
디자인 장미연, 이승현

다락원 경기도 파주시 문발로 211
내용문의: (02)736-2031 내선 460~465
구입문의: (02)736-2031 내선 250~252
Fax: (02)732-2037
출판등록 1977년 9월 16일 제406-2008-000007호

값 12,000원

ISBN 978-89-277-1236-7 13730

http://www.darakwon.co.kr

• 다락원 홈페이지에서 「일단 써보자! 일본어 동사 초급 활용 연습장」을 검색하
  시거나 표지의 QR코드를 스캔하시면 학습에 필요한 자료를 이용하실 수 있
  습니다.

여는 말

외국어를 열심히 공부하다 보면 누구나 벽을 하나씩 만나곤 합니다. 일본어를 학습할 때 부딪치게 되는 벽에는 무엇이 있을까요? 많은 학습자들이 '동사의 활용'을 어렵다고 꼽습니다. 동사는 왜 이렇게 많고, 활용법은 왜 다르고 동사의 어미에 따라 복잡하게 바뀌는지, 활용 공식만 봐서는 쉽게 알기 어렵습니다. 활용 공식을 열심히 외웠다 한들 필요할 때 자신이 써야할 동사에 응용된 채로 바로바로 튀어나오지 않습니다.

『일단 써보자! 일본어 동사 초급 활용 연습장』은 『일단 써보자! 일본어 동사 기초 활용 연습장』의 다음 단계 교재입니다. 『일단 써보자! 일본어 동사 기초 활용 연습장』에서 학습했던 동사 기초 활용법을 복습하고, JLPT(일본어능력시험) N4·N3에서 많이 쓰이는 초급 단계의 동사 활용법을 배웁니다. 학습 부담을 덜기 위하여 쉬우면서도 명료한 문장을 엄선하였고, 언제든 직접 써볼 수 있게 실용적인 단어와 표현들로 채웠습니다. 직접 다양한 활용법을 응용해 보고 문장을 따라 써봄으로써 일본어로 더욱 다채로운 문장을 만들 수 있습니다. 외국어 학습은 건축과 동일합니다. 불필요한 벽은 무너뜨리고 토대는 튼튼하게 다져야 실력을 견고하게 쌓을 수 있습니다. 일본어 실력의 기반이 되어줄 동사 초급 활용법과 어휘 들을 이 책과 함께 완벽하게 숙지하여 본능적으로 튀어나올 수 있게 만든다면, 앞으로의 일본어 학습이 더욱 재미있어질 것입니다.

다락원 일본어 출판부

이 책의 구성과 학습법

일본어 동사 기초 활용 복습하기

· 일본어 동사 기초 활용법 복습

『일단 써보자! 일본어 동사 기초 활용 연습장』에서 학습했던 동사 기초 활용법 ます형(ます·ました·ません·ませんでした), ない형(ない·なかった), て형, 의지/청유, 가능, 희망을 복습합니다. 활용 방법을 제대로 기억하고 있는지 미니테스트를 통해 확인합니다.

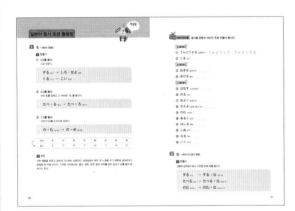

일본어 동사 초급 활용 학습하기

· 일본어 동사 초급 활용법

동사 초급 활용법인 명령, 금지명령, 조건(と·ば·たら·なら), 수동/존경, 사역, 사역수동을 학습합니다. 접속 방법과 의미를 확인하고, 미니테스트를 통해 제대로 이해했는지 확인합니다

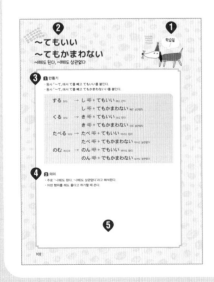

일본어 동사 초급 활용 응용하기

❶ 학습하는 날짜를 적습니다. 하루에 한 장씩 천천히 공부해도 좋고, 빠른 진도를 위하여 한 번에 여러 장씩 학습해도 좋습니다. 매일매일 꾸준히 할 수 있는 목표를 세워 보세요.

❷ 오늘 배울 동사의 응용 표현을 확인합니다.
※ 본서에서는 JLPT N4·N3 수준의 표현 약 60개를 학습할 수 있습니다.

❸ 접속 방법을 꼼꼼히 확인합니다.

❹ 응용 표현이 어떤 의미로 쓰이는지 확인합니다.

❺ 하단 빈 공간은 연습용으로 활용합시다.

❻ 해석을 보고 제시된 동사를 알맞은 형태로 활용하여 문장을 완성합니다.

❼ 문장에 나온 단어를 정리했습니다. 동사와 활용법을 익히고 난 뒤에 단어도 함께 외워둡니다.

　　단어를 다 익히고 나면 완성한 문장이 어떤 의미일지 생각해 봅시다.

　　※ 본서에서는 JLPT N5·N4·N3 수준의 어휘 약 700개를 학습할 수 있습니다.

　　※ 부록 〈한눈에 보는 단어〉에는 PART3에서 학습하는 어휘를 정리하였습니다.

❽ 앞에서 연습한 동사 활용이 맞는지 확인해 봅시다. 문장 전체의 의미도 함께 확인합니다.

❾ 트랙 번호입니다. 음성을 들으면서 정확한 발음으로 익힐 수 있게 다락원 홈페이지에서 MP3 파일을 제공합니다.

❿ 문장을 쓰는 연습을 하기 전에 세 번씩 소리내어 읽어 봅시다.

⓫ 제시된 문장의 의미를 생각하면서 한 번씩 따라 써 봅시다.

⓬ 부가 설명이 필요한 부분에는 TIP을 달아 놓았습니다.

학습 도우미 온라인 무료 다운로드

· 음성(MP3) / 한자 어휘 연습장(PDF)

스마트폰　스마트폰으로 QR코드를 스캔하면 다락원 홈페이지의 본서 페이지로 바로 이동합니다.

　　　　　• 'MP3 듣기' 버튼을 클릭합니다. 스마트폰으로 접속하면 회원 가입과 로그인 절차 없이 바로 MP3 파일을 듣거나 다운로드 받을 수 있습니다.

　　　　　• '자료실' 버튼을 클릭합니다. 스마트폰으로 접속하면 회원 가입과 로그인 절차 없이 바로 '한자 어휘 연습장.PDF' 파일을 보거나 다운로드 받을 수 있습니다.

PC　　　다락원 홈페이지(www.darakwon.co.kr)에 접속하여 상단 검색창에 『일본어 동사 초급 활용 연습장』을 검색하면 자료실에서 MP3 파일과 PDF 파일을 다운로드 받을 수 있습니다. 간단한 회원 가입 절차가 필요합니다.

목차

PART 1

일본어 동사
기초 활용 복습하기

일본어 동사 기초 활용법

① ます ~(합)니다   ました ~(했)습니다

① 만들기

① **3그룹 동사**

する는「します・しました」, くる는「きます・きました」라고 외운다.

② **2그룹 동사**

어미 る를 없애고 그 자리에 각「ます・ました」를 붙인다.

③ **1그룹 동사**

어미(う단)를 い단으로 바꾼 다음 각「ます・ました」를 붙인다.

MINI TEST ① 동사에 **ます**와 **ました**를 접속해 봅시다.

① する 하다   し ま す   し ま し た

② あそぶ 놀다 ＿＿＿＿＿＿＿＿＿＿＿＿＿＿＿

③ はなす 이야기하다 ＿＿＿＿＿＿＿＿＿＿＿＿＿

④ よむ 읽다 ＿＿＿＿＿＿＿＿＿＿＿＿＿＿＿＿

⑤ くる 오다 ＿＿＿＿＿＿＿＿＿＿＿＿＿＿＿＿

⑥ まつ 기다리다 ＿＿＿＿＿＿＿＿＿＿＿＿＿＿

⑦ いそぐ 서두르다 ＿＿＿＿＿＿＿＿＿＿＿＿＿

⑧ うる 팔다 ＿＿＿＿＿＿＿＿＿＿＿＿＿＿＿＿

⑨ しゃべる 수다를 떨다 ＿＿＿＿＿＿＿＿＿＿＿

⑩ ねる 자다 ＿＿＿＿＿＿＿＿＿＿＿＿＿＿＿＿

⑪ おきる 일어나다 ＿＿＿＿＿＿＿＿＿＿＿＿＿

⑫ いく 가다 ＿＿＿＿＿＿＿＿＿＿＿＿＿＿＿＿

⑬ ちがう 다르다 ＿＿＿＿＿＿＿＿＿＿＿＿＿＿

⑭ しぬ 죽다 ＿＿＿＿＿＿＿＿＿＿＿＿＿＿＿＿

2 ません ~(하)지 않습니다　ませんでした ~(하)지 않았습니다

1 만들기

① **3그룹 동사**

する는 「しません・しませんでした」, くる는 「きません・きませんでした」라고 외운다.

② **2그룹 동사**

어미 る를 없애고 그 자리에 각 「ません・ませんでした」를 붙인다.

③ **1그룹 동사**

어미(う단)를 い단으로 바꾼 다음 각 「ません・ませんでした」를 붙인다.

MINI TEST ②　동사에 **ません**과 **ませんでした**를 접속해 봅시다.

① **する** 하다　しません　しませんでした

② **つかう** 사용하다

③ **だす** 보내다, 내놓다

④ **しぬ** 죽다

⑤ **なく** 울다

⑥ **もつ** 들다, 가지다

⑦ **さわぐ** 떠들다, 소란을 피우다

⑧ **ふる** 내리다

⑨ **かりる** 빌리다

⑩ **こたえる** 대답하다

⑪ **くる** 오다

⑫ **とぶ** 날다

⑬ **すべる** 미끄러지다

⑭ **たのしむ** 즐기다

3 **た(だ)** ~(했)다　**て(で)** ~(하)고, ~(해)서

1 만들기

① **3그룹 동사**

する는 「した・して」, くる는 「きた・きて」라고 외운다.

② **2그룹 동사**

어미 る를 없애고 그 자리에 「た・て」를 붙인다.

③ **1그룹 동사**

· 어미가 「う・つ・る」로 끝나면 어미를 없애고 「っ」를 붙인 뒤, 각 「た・て」를 붙인다.
· 어미가 「く(ぐ)」로 끝나면 어미를 없애고 「い」를 붙인 뒤, 각 「た(だ)・て(で)」를 붙인다.
  단, 동사 「いく(가다)」는 법칙에 따라 「いいた・いいて」라고 하지 않고 「いった・いって」라고 해야 한다.
· 어미가 「す」로 끝나면 어미를 없애고 「し」를 붙인 뒤, 각 「た・て」를 붙인다.
· 어미가 「ぬ・ぶ・む」로 끝나면 어미를 없애고 「ん」을 붙인 뒤, 각 「だ・で」를 붙인다.

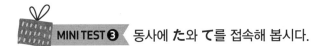

MINI TEST ❸ 동사에 **た**와 **て**를 접속해 봅시다.

① **する** 하다　した　して

② **はじめる** 시작하다 ＿＿＿＿＿　＿＿＿＿＿

③ **とぶ** 날다 ＿＿＿＿＿　＿＿＿＿＿

④ **みる** 보다 ＿＿＿＿＿　＿＿＿＿＿

⑤ **けす** 끄다 ＿＿＿＿＿　＿＿＿＿＿

⑥ **くる** 오다 ＿＿＿＿＿　＿＿＿＿＿

⑦ **しる** 알다 ＿＿＿＿＿　＿＿＿＿＿

⑧ **かつ** 이기다 ＿＿＿＿＿　＿＿＿＿＿

⑨ **のる** 타다 ＿＿＿＿＿　＿＿＿＿＿

⑩ **ふせぐ** 막다 ＿＿＿＿＿　＿＿＿＿＿

⑪ **のむ** 마시다 ＿＿＿＿＿　＿＿＿＿＿

⑫ **さく** (꽃이) 피다 ＿＿＿＿＿　＿＿＿＿＿

⑬ **しぬ** 죽다 ＿＿＿＿＿　＿＿＿＿＿

⑭ いく 가다 _____

⑮ ならう 배우다 _____

4 ない ~(하)지 않다　なかった ~(하)지 않았다

1 만들기

① **3그룹 동사**

する는「しない・しなかった」, くる는「こない・こなかった」라고 외운다.

② **2그룹 동사**

어미 る를 없애고 그 자리에 각「ない・なかった」를 붙인다.

③ **1그룹 동사**

어미(う단)를 あ단으로 바꾼 다음 각「ない・なかった」를 붙인다.

단, う로 끝나는 동사의 경우 あ가 아니라 わ로 바꾸어야 한다.

예를 들어 동사「いう(말하다)」는 いわない라고 한다.

또한 동사「ある(있다)」는「あらない」라고 하지 않고, い형용사인「ない(없다)」로 부정을 나타낸다.

MINI TEST ④ 동사에 **ない・なかった**를 붙여 봅시다.

① する 하다　しない　しなかった

② きる 입다 _____

③ おしえる 가르치다 _____

④ よむ 읽다 _____

⑤ かう 사다 _____

⑥ くる 오다 _____

⑦ かく 쓰다 _____

⑧ はなす 이야기하다 _____

⑨ あそぶ 놀다 _____

⑩ とる (사진을) 찍다 _____

⑪ **たつ** 서다 ....

⑫ **およぐ** 헤엄치다, 수영하다 ....

⑬ **はいる** 들어가다, 들어오다 ....

⑭ **しぬ** 죽다 ....

---

5 **よう** ~(해)야지 [의지], ~(하)자 [청유]

1 만들기

① **3그룹 동사**
する는「しよう」라고, くる는「こよう」라고 외운다.

② **2그룹 동사**
어미 る를 없애고 그 자리에「よう」를 붙인다.

③ **1그룹 동사**
어미(う단)를 お단으로 바꾼 다음「う」를 붙인다.

MINI TEST ⑤ 동사를 의지·청유를 나타내는 **よう**로 만들어 봅시다.

① **する** 하다   しよう

② **およぐ** 헤엄치다 ....

③ **いく** 가다 ....

④ **あう** 만나다 ....

⑤ **はじめる** 시작하다 ....

⑥ **はなす** 이야기하다 ....

⑦ **のむ** 마시다 ....

⑧ **のる** 타다 ....

⑨ **まつ** 기다리다 ....

⑩ **かんがえる** 생각하다 ....

⑪ **あそぶ** 놀다 ....

⑫ **はいる** 들어가다 _____

⑬ **おりる** (탈것에서) 내리다 _____

6 られる ~(할) 수 있다 [가능]

1 만들기

① **3그룹 동사**
する는 「できる」, くる는 「こられる」라고 외운다.

② **2그룹 동사**
어미 る를 없애고 그 자리에 「られる」를 붙인다.
요즘은 「らぬきことば('라'가 빠진 말)」라고 해서 「られる」의 「ら」를 생략하기도 한다.

③ **1그룹 동사**
어미(う단)를 え단으로 바꾼 다음 「る」를 붙인다.

MINI TEST 6 동사를 가능동사로 만들어 봅시다.

① **する** 하다 で き る

② **いる** (사람·동물 등이) 있다 _____

③ **はなす** 이야기하다 _____

④ **もらう** 받다 _____

⑤ **もつ** 들다, 가지다 _____

⑥ **はたらく** 일하다 _____

⑦ **おぼえる** 외우다, 기억하다 _____

⑧ **くる** 오다 _____

⑨ **ぬぐ** 벗다 _____

⑩ **やすむ** 쉬다 _____

⑪ **にぎる** 쥐다, 잡다 _____

⑫ **あそぶ** 놀다 _____

⑬ **しぬ** 죽다 _____

7 たい ~(하)고 싶다 [희망]

1 만들기

① **3그룹 동사**
する는 「したい」, くる는 「きたい」라고 외운다.

② **2그룹 동사**
어미 る를 없애고 그 자리에 「たい」를 붙인다.

③ **1그룹 동사**
어미(う단)를 い단으로 바꾼 다음 「たい」를 붙인다.

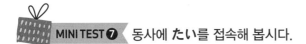

MINI TEST 7 동사에 **たい**를 접속해 봅시다.

① うんどうする 운동하다　うんどうしたい

② くる 오다 _____

③ はしる 뛰다 _____

④ みる 보다 _____

⑤ はなす 이야기하다 _____

⑥ なる 되다 _____

⑦ およぐ 헤엄치다 _____

⑧ かえる (집에) 돌아가다 _____

⑨ すむ 살다 _____

⑩ かつ 이기다 _____

⑪ あそぶ 놀다 _____

⑫ しぬ 죽다 _____

⑬ かく 쓰다 _____

⑭ あげる 주다 _____

MINI TEST 모범 답안

1 ます・ました

❶ ① します　　しました

② あそびます　　あそびました

③ はなします　　はなしました

④ よみます　　よみました

⑤ きます　　きました

⑥ まちます　　まちました

⑦ いそぎます　　いそぎました

⑧ うります　　うりました

⑨ しゃべります　　しゃべりました

⑩ ねます　　ねました

⑪ おきます　　おきました

⑫ いきます　　いきました

⑬ ちがいます　　ちがいました

⑭ しにます　　しにました

2 ません・ませんでした

❷ ① しません　　しませんでした

② つかいません　　つかいませんでした

③ だしません　　だしませんでした

④ しにません　　しにませんでした

⑤ なきません　　なきませんでした

⑥ もちません　　もちませんでした

⑦ さわぎません　　さわぎませんでした

⑧ ふりません　　ふりませんでした

⑨ かりません　　かりませんでした

⑩ こたえません　　こたえませんでした

⑪ きません　　きませんでした

⑫ とびません　　とびませんでした

⑬ すべりません　　すべりませんでした

⑭ たのしみません　　たのしみませんでした

3 た（だ）・て（で）

❸ ① した　　して

② はじめた　　はじめて

③ とんだ　　とんで

④ みた　　みて

⑤ けした　　けして

⑥ きた　　きて

⑦ しった　　しって

⑧ かった　　かって

⑨ のった　　のって

⑩ ふせいだ　　ふせいで

⑪ のんだ　　のんで

⑫ さいた　　さいて

⑬ しんだ　　しんで

⑭ いった　　いって

⑮ ならった　　ならって

4 ない・なかった

❹ ① しない　　しなかった

② きない　　きなかった

③ おしえない　　おしえなかった

④ よまない　　よまなかった

⑤ かわない　　かわなかった

⑥ こない　　こなかった

⑦ かかない　　かかなかった

⑧ はなさない　　はなさなかった

⑨ あそばない　　あそばなかった

⑩ とらない　　とらなかった

⑪ たたない　　たたなかった

⑫ およがない　　およがなかった

⑬ はいらない　　はいらなかった

⑭ しなない　　しななかった

5 よう

5 ① しよう

② およごう

③ いこう

④ あおう

⑤ はじめよう

⑥ はなそう

⑦ のもう

⑧ のろう

⑨ まとう

⑩ かんがえよう

⑪ あそぼう

⑫ はいろう

⑬ おりよう

6 られる

6 ① できる

② いられる　　いれる

③ はなせる

④ もらえる

⑤ もてる

⑥ はたらける

⑦ おぼえられる　　おぼえれる

⑧ こられる

⑨ ぬげる

⑩ やすめる

⑪ にぎれる

⑫ あそべる

⑬ しねる

7 たい

7 ① うんどうしたい

② きたい

③ はしりたい

④ みたい

⑤ はなしたい

⑥ なりたい

⑦ およぎたい

⑧ かえりたい

⑨ すみたい

⑩ かちたい

⑪ あそびたい

⑫ しにたい

⑬ かきたい

⑭ あげたい

PART 2

일본어 동사
초급 활용 학습하기

일본어 동사 초급 활용법

1 ろ ～(해)라 [명령]

1 만들기

① 3그룹 동사
그냥 외운다.

> する 하다 → しろ・せよ 해라
> くる 오다 → こい 와라

② 2그룹 동사
어미 る를 없애고 그 자리에 「ろ」를 붙인다.

> たべ＋る 먹다 → たべ＋ろ 먹어라

③ 1그룹 동사
어미(う단)를 え단으로 바꾼다.

> の＋む 마시다 → の＋め 마셔라

う단	う	く	す	つ	ぬ	ぶ	む	る
え단	え	け	せ	て	ね	べ	め	れ

2 의미
어떤 행동을 하라고 강하게 지시하는 표현이다. 상대방에게 매우 센 느낌을 주기 때문에 상하관계가 분명할 때 주로 쓰인다. 가까운 사이에서는 '충고, 설득, 강권' 등의 의미를 담아 종조사 よ를 붙여 말하기도 한다.

3그룹 동사

① **うんどうする** 운동하다 　うんどうしろ　うんどうせよ

② **くる** 오다 　_____

2그룹 동사

③ **おきる** 일어나다 　_____

④ **あける** 열다 　_____

1그룹 동사

⑤ **はなす** 이야기하다 　_____

⑥ **のる** 타다 　_____

⑦ **およぐ** 헤엄치다 　_____

⑧ **かえる** (집에) 돌아가다 　_____

⑨ **のむ** 마시다 　_____

⑩ **あるく** 걷다 　_____

⑪ **はしる** 뛰다 　_____

⑫ **しぬ** 죽다 　_____

⑬ **なる** 되다 　_____

⑭ **いく** 가다 　_____

2　**な** ~(하)지 마 [금지 명령]

1 만들기

그룹에 상관없이 동사 사전형 뒤에 **な**를 붙인다.

> **する** 하다 　→ **する** + **な** 하지 마
> **たべる** 먹다 　→ **たべる** + **な** 먹지 마
> **のむ** 마시다 　→ **のむ** + **な** 마시지 마

2 의미

어떤 행동을 강하게 제지할 때 쓰인다.

MINI TEST ❷ 동사를 금지할 때 쓰는 **～な**의 형태로 만들어 봅시다.

3그룹 동사

① **する** 하다 　する な

② **くる** 오다 _____

2그룹 동사

③ **ねる** 자다 _____

④ **みる** 보다 _____

1그룹 동사

⑤ **けす** 끄다 _____

⑥ **のる** 타다 _____

⑦ **さわぐ** 소란을 피우다 _____

⑧ **しゃべる** 수다를 떨다 _____

⑨ **よむ** 읽다 _____

⑩ **はしる** 뛰다 _____

⑪ **よぶ** 부르다 _____

⑫ **しぬ** 죽다 _____

⑬ **すう** 피우다 _____

⑭ **いく** 가다 _____

3 **と** ～(하)면 [조건]

1 만들기

그룹에 상관없이 동사 사전형에 **と**를 붙인다.

$$する \text{ 하다} \rightarrow する + と \text{ 하면}$$

$$たべる \text{ 먹다} \rightarrow たべる + と \text{ 먹으면}$$

$$のむ \text{ 마시나} \rightarrow のむ + と \text{ 마시면}$$

2 의미

뒷문장에 오는 일이 반드시 성립하는 관계에서의 조건을 나타낸다.
주로 자연현상, 법칙, 습관 등을 나타낼 때 쓰인다.
「~と」 뒤에 이어지는 문장에는 의지, 희망, 명령, 의뢰 등의 표현을 쓰지 않는다.

MINI TEST ❸ 동사에 **と**를 접속해 봅시다.

3그룹 동사

① **する** 하다　する と

② **くる** 오다 _____

2그룹 동사

③ **いれる** 넣다 _____

④ **きる** 입다 _____

1그룹 동사

⑤ **おす** 누르다 _____

⑥ **きる** 자르다 _____

⑦ **およぐ** 헤엄치다 _____

⑧ **いう** 말하다 _____

⑨ **よむ** 읽다 _____

⑩ **まつ** 기다리다 _____

⑪ **ならぶ** 한 줄로 서다 _____

⑫ **しぬ** 죽다 _____

⑬ **なる** 되다 ＿＿＿ ＿＿＿

⑭ **さく** (꽃이) 피다 ＿＿＿ ＿＿＿

4 ば ～(하)면 [조건]

1 만들기

① **3그룹 동사**

그냥 외운다.

> **する** 하다 → **すれば** 하면
>
> **くる** 오다 → **くれば** 오면

② **2그룹 동사**

어미 る를 없애고 「れば」를 붙인다.

> **たべ＋る** 먹다 → **たべ＋れば** 먹으면

③ **1그룹 동사**

어미(う단)를 え단으로 바꾸고 「ば」를 붙인다.

> **の＋む** 마시다 → **の＋め＋ば** 마시면

う단	う	く	す	つ	ぬ	ぶ	む	る
え단	え	け	せ	て	ね	べ	め	れ
					ば			

2 의미

아직 실현되지 않은 가정 조건을 나타낼 때 주로 쓰인다.

「～と」와 마찬가지로 「～ば」 뒤에 오는 문장에는 의지, 희망, 명령, 의뢰 등의 표현을 쓰지 않는다.

3그룹 동사

① **ダイエットする** 다이어트하다 ダイエットすれば

② **くる** 오다　＿＿＿＿＿

2그룹 동사

③ **はじめる** 시작하다　＿＿＿＿＿

④ **いる** (사람·동물 등이) 있다　＿＿＿＿＿

1그룹 동사

⑤ **かえす** 되돌리다　＿＿＿＿＿

⑥ **のる** 타다　＿＿＿＿＿

⑦ **およぐ** 헤엄치다　＿＿＿＿＿

⑧ **ける** 차다　＿＿＿＿＿

⑨ **かむ** 씹다　＿＿＿＿＿

⑩ **かつ** 이기다　＿＿＿＿＿

⑪ **よぶ** 부르다　＿＿＿＿＿

⑫ **しぬ** 죽다　＿＿＿＿＿

⑬ **ある** (식물·사물 등이) 있다　＿＿＿＿＿

⑭ **あるく** 걷다　＿＿＿＿＿

---

5 **たら** ～(하)면, ～(했)더니 [조건]

1 만들기

① **3그룹 동사**
그냥 외운다.

> **する** 하다 → **したら** 하면
>
> **くる** 오다 → **きたら** 오면

TIP 예전에 배운 「～た·～て」의 접속 방법과 동일하다.

② **2그룹 동사**

어미 **る**를 없애고 그 자리에 「**たら**」를 붙인다.

たべ + る 먹다 → たべ + たら 먹는다면

③ **1그룹 동사**

· 어미가 「**う·つ·る**」로 끝나면 어미를 없애고 「**っ**」를 붙인 뒤, 각 「**たら**」를 붙인다.

か + う 사다 → か + っ + たら 산다면

· 어미가 「**く(ぐ)**」로 끝나면 어미를 없애고 「**い**」를 붙인 뒤, 각 「**たら(だら)**」를 붙인다.

か + く 쓰다 → か + い + たら 썼다면

およ + ぐ 헤엄치다 → およ + い + だら 헤엄쳤다면

TIP 동사 「いく」의 경우, 법칙에 따라 「いいたら」라고 하지 않고 「いったら」라고 해야 한다.

· 어미가 「**す**」로 끝나면 어미를 없애고 「**し**」를 붙인 뒤, 각 「**たら**」를 붙인다.

だ + す 내놓다 → だ + し + たら 내놓았다면

· 어미가 「**ぬ·ぶ·む**」로 끝나면 어미를 없애고 「**ん**」을 붙인 뒤, 각 「**だら**」를 붙인다.

よ + む 읽다 → よ + ん + だら 읽었다면

う단	う	つ	る	く	ぐ	す	ぬ	ぶ	む
	っ			い		し		ん	
	たら			たら	だら	たら		だら	

2 의미

법칙이나 자연현상 같은 일반 조건보다는 개별적인 조건을 나타낼 때 주로 쓰인다.

회화체에서 가장 많이 사용되며, 「**～と**」나 「**～ば**」와 달리 뒤에 이어지는 문장에 제약이 없다.

MINI TEST ⑤ 동사에 **たら**를 접속해 봅시다.

3그룹 동사

① **する** 하다　したら

② **くる** 오다 _____

2그룹 동사

③ **まける** 지다 _____

④ **かりる** 빌리다 _____

1그룹 동사

⑤ **ころす** 죽이다 _____

⑥ **かう** 사다 _____

⑦ **さわぐ** 소란을 피우다 _____

⑧ **しる** 알다 _____

⑨ **すすむ** 나아가다 _____

⑩ **かつ** 이기다 _____

⑪ **とぶ** 날다 _____

⑫ **しぬ** 죽다 _____

⑬ **おわる** 끝나다 _____

⑭ **つく** 도착하다 _____

6　**なら** ~(한)다면 [조건]

① 만들기

그룹에 상관없이 동사 사전형 뒤에 **なら**를 붙인다.

> **する** 먹다　→　**する** + **なら** 한다면
>
> **たべる** 먹다　→　**たべる** + **なら** 먹는다면
>
> **のむ** 마시다　→　**のむ** + **なら** 마신다면

2 의미

주로 상대방의 말을 받아 말하는 사람의 판단, 명령, 의지 등을 표현하고자 할 때 쓰인다.

MINI TEST ⑥ 동사에 **なら**를 접속해 봅시다.

3그룹 동사

① **しゅうりする** 수리하다　　しゅうりするなら

② **くる** 오다

2그룹 동사

③ **あげる** 주다

④ **おりる** 내리다

1그룹 동사

⑤ **かす** 빌려주다

⑥ **かう** 사다

⑦ **およぐ** 헤엄치다

⑧ **かえる** (집에) 돌아가다

⑨ **のむ** 마시다

⑩ **まつ** 기다리다

⑪ **あそぶ** 놀다

⑫ **しぬ** 죽다

⑬ **うる** 팔다

⑭ **いく** 가다

7 られる ～되다 [수동], ～하시다 [존경]

1 만들기

① **3그룹 동사**
그냥 외운다.

> する 하다 → される 되다 / 하시다
>
> くる 오다 → こられる 오게 되다 / 오시다

② **2그룹 동사**
어미 る를 없애고 그 자리에 「られる」를 붙인다.

> ほめ + る 칭찬하다 → ほめ + られる 칭찬을 받다 / 칭찬하시다

> **TIP** 2그룹 동사는 가능 동사와 접속 방법과 동일하다.

③ **1그룹 동사**
어미(う단)를 あ단으로 바꾼 다음 「れる」를 붙인다.

> の + む 마시다 → の + ま + れる 마시게 되다 / 드시다

> **TIP** 어미가 う로 끝나는 경우에는 う를 あ가 아닌 わ로 바꿔야 한다.
> 예를 들어 「いう (말하다)」의 수동/존경형은 いあれる가 아니라 いわれる이다.

う단	う	く	す	つ	ぬ	ぶ	む	る
あ단	あわ	か	さ	た	な	ば	ま	ら

2 의미

① **수동**
다른 외부 요소에 의해서 동작이나 작용을 받게 될 때 사용한다.
이때 주어는 동작이나 작용을 받는 쪽이다.

> **TIP** (능동) せんせいが ゆりさんを ほめた。 선생님이 유리 씨를 칭찬했다.
> (수동) ゆりさんは せんせいに ほめられた。 유리 씨는 선생님에게 칭찬 받았다.

② **존경**
동작 주체를 높일 때 사용한다.

> **TIP** (존경) せんせいが ゆりさんを ほめられた。 선생님이 유리 씨를 칭찬하셨다.

MINI TEST ❼ 동사를 수동 동사/존경 동사로 만들어 봅시다.

3그룹 동사

① しょうたいする 초대하다　しょうたいされる

② くる 오다　＿＿＿＿＿

2그룹 동사

③ すてる 버리다　＿＿＿＿＿

④ いじめる 괴롭히다　＿＿＿＿＿

1그룹 동사

⑤ よぶ 부르다　＿＿＿＿＿

⑥ かく 쓰다　＿＿＿＿＿

⑦ おす 누르다　＿＿＿＿＿

⑧ よむ 읽다　＿＿＿＿＿

⑨ すわる 앉다　＿＿＿＿＿

⑩ まつ 기다리다　＿＿＿＿＿

⑪ およぐ 헤엄치다　＿＿＿＿＿

⑫ ふむ 밟다　＿＿＿＿＿

⑬ にぎる 쥐다, 잡다　＿＿＿＿＿

⑭ やすむ 쉬다　＿＿＿＿＿

8 させる ～시키다 [사역]

1 만들기

① **3그룹 동사**

그냥 외운다.

する 하다 → させる 시키다

くる 오다 → こさせる 오게 하다

② **2그룹 동사**

어미 **る**를 없애고 그 자리에 「**させる**」를 붙인다.

$$たべ + る \text{ 먹다} \rightarrow たべ + させる \text{ 먹게 하다}$$

③ **1그룹 동사**

어미(う단)를 あ단으로 바꾼 다음 「**せる**」를 붙인다.

$$の + む \text{ 마시다} \rightarrow の + ま + せる \text{ 마시게 하다}$$

> **TIP** 어미가 う로 끝나는 경우에는 う를 あ가 아닌 わ로 바꿔야 한다. 예를 들어 「いう(말하다)」의 사역형은 いあせる가 아니라 いわせる이다.

う단	う	く	す	つ	ぬ	ぶ	む	る
あ단	あわ	か	さ	た	な	ば	ま	ら

2 의미

어떤 동작을 지시하거나 허락할 때 사용한다.

> **TIP** 동사 자체에 사역의 의미가 들어 있는 경우에는 동사를 사역동사로 바꿀 수 없다.
> ex. きせる(입히다), みせる(보여주다), にせる(비슷하게 보이게 만들다)

MINI TEST ❽ 동사를 사역 동사로 만들어 봅시다.

3그룹 동사

① **する** 하다 　させる

② **くる** 오다 _____

2그룹 동사

③ **しらべる** 조사하다 → _____

④ **みる** 보다 _____

1그룹 동사

⑤ **あらう** 씻다 _____

⑥ **つくる** 만들다 _____

⑦ **はなす** 이야기하다 _____

⑧ **よむ** 읽다 _____

⑨ **なく** 울다 _____

⑩ **まつ** 기다리다 _____

⑪ **つかう** 사용하다 _____

⑫ **あそぶ** 놀다 _____

⑬ **しぬ** 죽다 _____

⑭ **およぐ** 헤엄치다 _____

9 させられる (억지로/어쩔 수 없이) 하다 [사역수동]

1 만들기

① **3그룹 동사**
그냥 외운다.

> **する** 하다 → **させられる** (어쩔 수 없이) 하다
>
> **くる** 오다 → **こさせられる** (어쩔 수 없이) 오다

② **2그룹 동사**
어미 る를 없애고 그 자리에 「させられる」를 붙인다.

> **たべ + る** 먹다 → **たべ + させられる** (어쩔 수 없이) 먹다

③ **1그룹 동사**
어미(う단)를 あ단으로 바꾼 다음 「せられる(される)」를 붙인다.

> **の + む** 마시다 → **の + ま + せられる** (어쩔 수 없이) 마시다
>
> **の + ま + される** (어쩔 수 없이) 마시다

> **TIP** 어미가 す로 끝나는 경우에는 せられる만 붙일 수 있다.
> 예를 들어 「はなす(이야기하다)」의 사역수동형은 はなさせられる만 쓸 수 있다. はなさされる는 불가능하다.

う단	う	く	す	つ	ぬ	ぶ	む	る
あ단	あわ	か	さ	た	な	ば	ま	ら

2 의미

사역에 수동을 추가했다. 자신의 의지와 상관 없이 어떤 행동을 했거나 상황이 벌어졌을 때 사용한다.

MINI TEST ❾ 동사를 사역수동형으로 만들어 봅시다.

3그룹 동사

① **てんきんする** 전근하다 　てんきんさせられる

② **くる** 오다

2그룹 동사

③ **かんがえる** 생각하다

④ **おきる** 일어나다

1그룹 동사

⑤ **うたう** 노래하다

⑥ **いそぐ** 서두르다

⑦ **はなす** 이야기하다

⑧ **よむ** 읽다

⑨ **まつ** 기다리다

⑩ **あそぶ** 놀다

⑪ **のる** 타다

⑫ **きる** 자르다

⑬ **なく** 울다

MINI TEST 모범 답안

1 ろ

❶ ① うんどうしろ　うんどうせよ
② こい
③ おきろ
④ あけろ
⑤ はなせ
⑥ のれ
⑦ およげ
⑧ かえれ
⑨ のめ
⑩ あるけ
⑪ はしれ
⑫ しね
⑬ なれ
⑭ いけ

2 な

❷ ① するな
② くるな
③ ねるな
④ みるな
⑤ けすな
⑥ のるな
⑦ さわぐな
⑧ しゃべるな
⑨ よむな
⑩ はしるな
⑪ よぶな
⑫ しぬな
⑬ すうな
⑭ いくな

3 と

❸ ① すると
② くると
③ いれると
④ きると
⑤ おすと
⑥ きると
⑦ およぐと
⑧ いうと
⑨ よむと
⑩ まつと
⑪ ならぶと
⑫ しぬと
⑬ なると
⑭ さくと

4 ば

❹ ① ダイエットすれば
② くれば
③ はじめれば
④ いれば
⑤ かえせば
⑥ のれば
⑦ およげば
⑧ ければ
⑨ かめば
⑩ かてば
⑪ よべば
⑫ しねば
⑬ あれば
⑭ あるけば

5 たら

5 ① したら

② きたら

③ まけたら

④ かりたら

⑤ ころしたら

⑥ かったら

⑦ さわいだら

⑧ しったら

⑨ すすんだら

⑩ かったら

⑪ とんだら

⑫ しんだら

⑬ おわったら

⑭ ついたら

6 なら

6 ① しゅうりするなら

② くるなら

③ あげるなら

④ おりるなら

⑤ かすなら

⑥ かうなら

⑦ およぐなら

⑧ かえるなら

⑨ のむなら

⑩ まつなら

⑪ あそぶなら

⑫ しぬなら

⑬ うるなら

⑭ いくなら

7 られる

7 ① しょうたいされる

② こられる

③ すてられる

④ いじめられる

⑤ よばれる

⑥ かかれる

⑦ おされる

⑧ よまれる

⑨ すわられる

⑩ またれる

⑪ およがれる

⑫ ふまれる

⑬ にぎられる

⑭ やすまれる

8 させる

8 ① させる

② こさせる

③ しらべさせる

④ みさせる

⑤ あらわせる

⑥ つくらせる

⑦ はなさせる

⑧ よませる

⑨ なかせる

⑩ またせる

⑪ つかわせる

⑫ あそばせる

⑬ しなせる

⑭ およがせる

9 させられる

9 ① させられる

② こさせられる

③ かんがえさせられる

④ おきさせられる

⑤ うたわせられる　うたわされる

⑥ いそがせられる　いそがされる

⑦ はなさせられる

⑧ よませられる　よまされる

⑨ またせられる　またされる

⑩ あそばせられる　あそばされる

⑪ のらせられる　のらされる

⑫ きらせられる　きらされる

⑬ なかせられる　なかされる

PART 3

일본어 동사
초급 활용 응용하기

～ましょう ～(합)시다

1 만들기

동사「～ます」에서 ます를 빼고 ましょう를 붙인다.

> する 하다 → し ~~ます~~ + ましょう 합시다
>
> くる 오다 → き ~~ます~~ + ましょう 옵시다
>
> たべる 먹다 → たべ ~~ます~~ + ましょう 먹읍시다
>
> のむ 마시다 → のみ ~~ます~~ + ましょう 마십시다

2 의미

• 주로 '～(합)시다'라고 해석된다.

• 말하는 사람이 듣는 사람에게 어떤 행동을 같이 하자고 제안, 권유, 요청할 때 쓴다.

帰る (집에) 돌아가다	早く かえりましょう 。 (집에) 돌아갑시다
会う 만나다	明日、10時に _____ 。 만납시다
歌う 노래하다	みんなで _____ 。 노래합시다
運動する 운동하다	健康のために _____ 。 운동합시다
寝る 자다	今夜はもう _____ 。 잡시다
忘れる 잊다	いやなことは _____ 。 잊읍시다
勉強する 공부하다	いっしょうけんめい _____ 。 공부합시다

 새 단어

早く 빨리	明日 내일	10時 열 시
みんなで 다 함께	健康 건강	～のために ～을/를 위해서
今夜 오늘 밤	もう 이미, 벌써	いやだ 싫다
こと 일, 것	いっしょうけんめい 열심히	

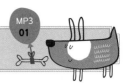

또박또박 세 번씩 읽고 예쁘게 따라 써 봅시다.

・早く帰りましょう。
빨리 돌아갑시다.

_____

・明日、10時に会いましょう。
내일 열 시에 만납시다.

_____

・みんなで歌いましょう。
다 함께 노래합시다.

_____

・健康のために運動しましょう。
건강을 위해 운동합시다.

_____

・今夜はもう寝ましょう。
오늘 밤은 이제 잡시다.

_____

・いやなことは忘れましょう。
싫은 것은 잊읍시다.

_____

・いっしょうけんめい勉強しましょう。
열심히 공부합시다.

_____

～ませんか ~(하)지 않겠습니까?

1 만들기

동사 「～ます」에서 ます를 빼고 ませんか를 붙인다.

する 하다	→	し <s>ます</s> ＋ ませんか 하지 않겠습니까?
くる 오다	→	き <s>ます</s> ＋ ませんか 오지 않겠습니까?
たべる 먹다	→	たべ <s>ます</s> ＋ ませんか 먹지 않겠습니까?
のむ 마시다	→	のみ <s>ます</s> ＋ ませんか 마시지 않겠습니까?

2 의미

• 주로 '～(하)지 않겠습니까?'라고 해석된다.

• 말하는 사람이 듣는 사람에게 어떤 행동을 같이 하자고 정중하게 제안, 요청할 때 쓴다.
  상대방의 의향을 존중하는 느낌이 강하다.

해석을 보고 제시된 동사에 ~ませんか를 접속하여 히라가나로 써 봅시다.

| 歩く
걷다 | 少し ＿＿＿＿＿＿＿＿＿＿。
걷지 않겠습니까? |

| 来る
오다 | 私の会社に ＿＿＿＿＿＿＿＿＿。
오지 않겠습니까? |

| 行く
가다 | 週末、ディズニーランドに ＿＿＿＿＿＿。
가지 않겠습니까? |

| 食べる
먹다 | 今日のランチは外で ＿＿＿＿＿＿。
먹지 않겠습니까? |

| 休む
쉬다 | 疲れたので ＿＿＿＿＿＿＿＿。
쉬지 않겠습니까? |

| 出かける
외출하다 | どこかへ ＿＿＿＿＿＿＿＿。
외출하지 않겠습니까? |

| ダイエットする
다이어트하다 | いっしょに ＿＿＿＿＿＿＿。
다이어트하지 않겠습니까? |

새 단어

少し 조금	私 나, 저	会社 회사
週末 주말	ディズニーランド 디즈니랜드	今日 오늘
ランチ 점심	外 밖, 바깥	疲れる 피곤하다, 지치다
~ので ~(하)기 때문에	どこか 어딘가	いっしょに 함께

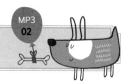

또박또박 세 번씩 읽고 예쁘게 따라 써 봅시다.

・少し歩きませんか。
조금 걷지 않겠습니까?

_____

・私の会社に来ませんか。
우리 회사에 오지 않겠습니까?

_____

・週末、ディズニーランドに行きませんか。
주말에 디즈니랜드에 가지 않겠습니까?

_____

・今日のランチは外で食べませんか。
오늘 점심은 밖에서 먹지 않겠습니까?

_____

・疲れたので休みませんか。
피곤하니까 쉬지 않겠습니까?

TIP 접속조사인 ～のでは '～(하)기 때문에'라는 의미로 이유나 까닭을 나타낸다.

_____

・どこかへ出かけませんか。
어딘가에 외출하지 않겠습니까?

_____

・いっしょにダイエットしませんか。
함께 다이어트하지 않겠습니까?

_____

～ようか ~(할)까?, ~(할)래?

1 만들기

의지를 나타내는 동사「～よう」에서 よう를 빼고 ようか를 붙인다.

する 하다	→	し <del>よう</del> + ようか 할까?, 할래?
くる 오다	→	こ <del>よう</del> + ようか 올까?, 올래?
たべる 먹다	→	たべ <del>よう</del> + ようか 먹을까?, 먹을래?
のむ 마시다	→	の <del>もう</del> + もうか 마실까?, 마실래?

2 의미

• 주로 '～(할)까?, ～(할)래?'라고 해석된다.
• 말하는 사람이 듣는 사람에게 가볍게 의향을 물을 때 쓴다.

待つ
기다리다

もう少し ＿＿＿＿＿＿＿＿＿＿。
기다릴까?

手伝う
돕다

＿＿＿＿＿＿＿＿＿＿＿＿。
도울까?

行く
가다

いっしょに ＿＿＿＿＿＿＿＿。
갈까?

出る
나가(오)다

そろそろ ＿＿＿＿＿＿。
나갈까?

伝える
전하다, 전달하다

私が代わりに ＿＿＿＿＿＿＿＿＿＿。
전달할까?

する
하다

今日のゆうはんは何に ＿＿＿＿＿＿＿。
할까?

運転する
운전하다

私が ＿＿＿＿＿＿＿＿＿＿＿＿。
운전할까?

새 단어

もう少し 조금 더	そろそろ 슬슬	代わりに 대신에
ゆうはん 저녁밥, 저녁식사	何 무엇	

45

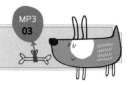

・もう<ruby>少<rt>すこ</rt></ruby>し<ruby>待<rt>ま</rt></ruby>とうか。

조금 더 기다릴까?

_____ 。

・<ruby>手伝<rt>て つだ</rt></ruby>おうか。

도울까?

_____ 。

・いっしょに<ruby>行<rt>い</rt></ruby>こうか。

함께 갈까?

_____ 。

・そろそろ<ruby>出<rt>で</rt></ruby>ようか。

슬슬 나갈까?

_____ 。

・<ruby>私<rt>わたし</rt></ruby>が<ruby>代<rt>か</rt></ruby>わりに<ruby>伝<rt>つた</rt></ruby>えようか。

내가 대신 전달할까?

_____ 。

・<ruby>今日<rt>きょう</rt></ruby>のゆうはんは<ruby>何<rt>なに</rt></ruby>にしようか。

오늘 저녁밥은 뭘로 할까?

_____ 。

・<ruby>私<rt>わたし</rt></ruby>が<ruby>運転<rt>うんてん</rt></ruby>しようか。

내가 운전할까?

_____ 。

～だろう ～(할) 것이다

1 만들기

동사 보통체형에 だろう를 붙인다.

する 하다	→ **する** + **だろう** 할 것이다
くる 오다	→ **くる** + **だろう** 올 것이다
できる 가능하다	→ **できる** + **だろう** 가능할 것이다
のむ 마시다	→ **のむ** + **だろう** 마실 것이다

TIP 보통체형이란 동사 사전형, 동사+ない(부정), 동사+た(과거), 가능형, 수동형 등을 말한다.

2 의미

자신의 경험을 바탕으로 미래의 일이나 불확실한 내용에 대하여 말할 때 쓴다.

해석을 보고 제시된 동사에 ～だろう를 접속하여 히라가나로 써 봅시다.

| 勝^かつ
이기다 | 明日^{あした}の試合^{しあい}は韓国^{かんこく}が ＿＿＿＿＿＿＿＿＿＿。
이길 거야 |

| 生^うまれる
태어나다 | 赤^{あか}ちゃんはもうすぐ ＿＿＿＿＿＿＿＿＿＿。
태어날 거야 |

| 結婚^{けっこん}する
결혼하다 | あの二人^{ふたり}はたぶん、 ＿＿＿＿＿＿＿＿＿＿。
결혼할 거야 |

| 驚^{おどろ}く
놀라다 | 両親^{りょうしん}はきっと ＿＿＿＿＿＿＿＿＿＿。
놀랄 거야 |

| できる
가능하다 | 彼^{かれ}なら ＿＿＿＿＿＿＿＿＿＿。
가능할 거야 |

| 来^くる
오다 | 鈴木^{すずき}さんは今日^{きょう}は ＿＿＿＿＿＿＿＿＿＿。
오지 않을 거야 |

TIP 동사를 ～ない로 만들고, だろう를 붙이자.

| 寝^ねる
자다 | 子^こどもたちはもう ＿＿＿＿＿＿＿＿＿＿。
잠들었을 거야 |

TIP 동사를 ～た로 만들고, だろう를 붙이자.

 새 단어

試合 시합	**韓国** 한국	**赤ちゃん** 아기
もうすぐ 금방, 곧	**あの** 저	**二人** 두 명, 두 사람
たぶん 아마	**両親** 양친, 부모님	**きっと** 분명
彼 그, 그 사람	**～なら** ～라면	**子ども** 어린이, 아이

또박또박 세 번씩 읽고 예쁘게 따라 써 봅시다.

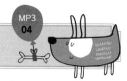

・明日の試合は韓国が勝つだろう。
あした　　しあい　　かんこく　　か

내일 시합은 한국이 이길 거야.

_____ 。

・赤ちゃんはもうすぐ生まれるだろう。
あか　　　　　　　　　　　　う

아기는 금방 태어날 거야.

_____ 。

・あの二人はたぶん、結婚するだろう。
　　ふたり　　　　　　けっこん

저 두 사람은 아마도 결혼할 거야.

_____ 。

・両親はきっと驚くだろう。
りょうしん　　　　おどろ

부모님은 분명히 놀랄 거야.

_____ 。

・彼ならできるだろう。
かれ

그 사람이라면 가능할 거야.

_____ 。

・鈴木さんは今日は来ないだろう。
すず　き　　　　きょう　　こ

스즈키 씨는 오늘은 오지 않을 거야.

_____ 。

・子どもたちはもう寝ただろう。
こ　　　　　　　　　ね

아이들은 이미 잠들었을 거야.

_____ 。

〜でしょう ～(할) 거예요, ～(하)겠지요

1 만들기

동사 보통체형에 でしょう를 붙인다.

する 하다	→	する + でしょう 할 거예요	
くる 오다	→	くる + でしょう 올 거예요	
できる 가능하다	→	できる + でしょう 가능할 거예요	
のむ 마시다	→	のむ + でしょう 마실 거예요	

2 의미

- でしょう는 だろう의 정중한 표현이다.
- 주로 '～(할) 거예요, ～(하)겠지요' 등으로 해석된다.
- 자신의 경험을 바탕으로 미래의 일이나 불확실한 내용에 대하여 말할 때 사용한다.

해석을 보고 제시된 동사에 ～でしょう를 접속하여 히라가나로 써 봅시다.

乾く
마르다

洗濯物はすぐ ＿＿＿＿＿＿＿＿＿＿＿＿。
　　　　　　　　　마를 거예요

いる
(사람·동물 등이) 있다

犯人はたぶん、この中に ＿＿＿＿＿＿＿＿＿。
　　　　　　　　　　　　　있을 거예요

晴れる
맑다, 개이다

明日は ＿＿＿＿＿＿＿＿＿＿＿。
　　　　　　맑을 거예요

別れる
헤어지다

あの二人はもうすぐ ＿＿＿＿＿＿＿＿＿＿＿。
　　　　　　　　　　　　헤어질 거예요

来る
오다

佐藤さんはもうすぐ ＿＿＿＿＿＿＿＿＿。
　　　　　　　　　　　올 거예요

反対する
반대하다

彼はこの意見に ＿＿＿＿＿＿＿＿＿＿か。
　　　　　　　　　　　　반대할 거예요

知っている
알고 있다

彼なら答えを ＿＿＿＿＿＿＿＿＿＿＿。
　　　　　　　알고 있을 거예요

새 단어

洗濯物 세탁물	すぐ 곧, 금방	犯人 범인
この 이	中 안, 속	意見 의견
答え 답, 대답		

51

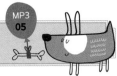

또박또박 세 번씩 읽고 예쁘게 따라 써 봅시다.

・洗濯物はすぐ乾くでしょう。
세탁물은 금방 마를 거예요.

_____。

・犯人はたぶん、この中にいるでしょう。
범인은 아마 이 안에 있을 거예요.

_____。

・明日は晴れるでしょう。
내일은 맑을 거예요.

_____。

・あの二人はもうすぐ別れるでしょう。
저 두 사람은 이제 곧 헤어질 거예요.

_____。

・佐藤さんはもうすぐ来るでしょう。
사토 씨는 이제 곧 올 거예요.

_____。

・彼はこの意見に反対するでしょうか。
그는 이 의견에 반대할까요?

_____。

・彼なら答えを知っているでしょう。
그 사람이라면 답을 알고 있을 거예요.

_____。

～なさい ～(하)렴, ～(하)시오, ～(하)거라

1 만들기

동사「～ます」에서 ます를 빼고 なさい를 붙인다.

する 하다	→	し ~~ます~~ + なさい 하렴
くる 오다	→	き ~~ます~~ + なさい 오렴
たべる 먹다	→	たべ ~~ます~~ + なさい 먹으렴
のむ 마시다	→	のみ ~~ます~~ + なさい 마시렴

2 의미

· 주로 '～(하)렴, ～(하)시오, ～(하)거라' 등으로 해석된다.

· 상대방에게 지시할 때 쓰는 표현이다. 명령형에 비해 부드러운 느낌을 준다.

해석을 보고 제시된 동사에 ～なさい를 접속하여 히라가나로 써 봅시다.

泣く 울다	悲しい時は ＿＿＿＿＿＿。 울어라
来る 오다	今すぐここに ＿＿＿＿＿＿。 오렴
考える 생각하다	まずは自分で ＿＿＿＿＿＿。 생각하렴
逃げる 도망치다	早く ＿＿＿＿＿＿。 도망치렴
食べる 먹다	残さず全部 ＿＿＿＿＿＿。 먹으렴
守る 지키다	約束は必ず ＿＿＿＿＿＿。 지키렴
練習する 연습하다	毎日 ＿＿＿＿＿＿。 연습하렴

새 단어

悲しい 슬프다	**時** 때	**今** 지금
ここ 여기, 이곳	**まず** 먼저, 우선	**自分で** 스스로
残す 남기다	**全部** 전부	**約束** 약속
毎日 매일		

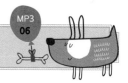

또박또박 세 번씩 읽고 예쁘게 따라 써 봅시다.

・悲しい時は泣きなさい。
슬플 때는 울어라.

_____。

・今すぐここに来なさい。
지금 곧 여기로 오렴.

_____。

・まずは自分で考えなさい。
우선은 스스로 생각하렴.

_____。

・早く逃げなさい。
빨리 도망치거라.

_____。

・残さず全部食べなさい。
남기지 말고 전부 먹으렴.

_____。

・約束は必ず守りなさい。
약속은 반드시 지키렴.

_____。

・毎日練習しなさい。
매일 연습하렴.

_____。

～てください ～(해) 주세요, ～(하)세요

1 만들기

동사 「～て」에서 て를 빼고 てください를 붙인다.

する 하다	→ し ~~て~~ + てください 해 주세요	
くる 오다	→ き ~~て~~ + てください 와 주세요	
たべる 먹다	→ たべ ~~て~~ + てください 먹어 주세요	
のむ 마시다	→ のん ~~て~~ + でください 마셔 주세요	

2 의미

· 주로 '～(해) 주세요, ～(하)세요' 등으로 해석된다.
· 상대방에게 어떤 행위를 의뢰하거나 부탁할 때 쓴다.
· 친밀한 관계에서는 ください를 생략하고 가볍게 「～て」라고만 말하기도 한다.

해석을 보고 제시된 동사에 ～てください를 접속하여 히라가나로 써 봅시다.

| 飲む
の
마시다, (약을) 먹다 | この薬は必ず食事の後に ＿＿＿＿＿＿＿＿＿＿＿＿ 。
くすり かなら しょく じ あと
먹어 주세요 |

| 書く
か
쓰다 | ここに名前を ＿＿＿＿＿＿＿ 。
な まえ
써 주세요 |

| 約束する
やくそく
약속하다 | だれにも言わないと ＿＿＿＿＿＿＿＿＿ 。
い
약속해 주세요 |

| 覚える
おぼ
기억하다, 외우다 | この文法は必ず ＿＿＿＿＿＿＿＿＿ 。
ぶんぽう かなら
외워 주세요 |

| 教える
おし
가르치다 | 電話番号を ＿＿＿＿＿＿＿＿＿ 。
でん わ ばんごう
가르쳐 주세요 |

| 来る
く
오다 | 急いで ＿＿＿＿＿＿＿ 。
いそ
와 주세요 |

| 曲がる
ま
돌다, 꺾다 | その角を右に ＿＿＿＿＿＿＿＿＿ 。
かど みぎ
돌아 주세요 |

새 단어

薬 약	必ず 반드시, 꼭	食事 식사
後 후	名前 이름	だれにも 아무에게도
言う 말하다	～と ～라고	文法 문법
電話番号 전화번호	急ぐ 서두르다	その 그
角 모퉁이	右 오른쪽	

MP3
07

1 · この薬は必ず食事の後に飲んでください。
2
3 이 약은 반드시 식사 후에 드세요.

_____。

1 · ここに名前を書いてください。
2
3 여기에 이름을 써 주세요.

_____。

1 · だれにも言わないと約束してください。
2
3 아무에게도 말하지 않겠다고 약속해 주세요.

_____。

1 · この文法は必ず覚えてください。
2
3 이 문법은 반드시 기억해 주세요.

_____。

1 · 電話番号を教えてください。
2
3 전화번호를 가르쳐 주세요.

_____。

1 · 急いで来てください。
2
3 서둘러 오세요.

_____。

1 · その角を右に曲がってください。
2
3 그 모퉁이에서 오른쪽으로 돌아 주세요.

_____。

～させてください ~(하)게 해 주세요

1 만들기

동사 사역형(p.30)의 「～て」에서 て를 빼고 てください를 붙인다.

する 하다	→	させる 시키다
	→	させ ~~て~~ + てください 하게 해 주세요(시켜 주세요)
たべる 먹다	→	たべさせる 먹게 하다
	→	たべさせ ~~て~~ + てください 먹게 해 주세요
のむ 마시다	→	のませる 마시게 하다
	→	のませ ~~て~~ + てください 마시게 해 주세요

2 의미

· 주로 '～(하)게 해 주세요'라고 해석된다.
· 행위를 하고자 하는 화자의 강한 의지를 담아 상대방의 허락을 구할 때 쓴다.

해석을 보고 제시된 동사에 ~させてください를 접속하여 히라가나로 써 봅시다.

手伝う
돕다

私にも何か ＿＿＿＿＿＿＿＿＿＿＿＿＿＿＿。
　　　　　　　　돕게 해 주세요

案内する
안내하다

東京にいらっしゃる時は私に ＿＿＿＿＿＿＿＿
　　　　　　　　　　　안내하게 해 주세요
＿＿＿＿＿＿＿＿＿。

ごちそうする
대접하다

今度 ＿＿＿＿＿＿＿＿＿＿＿＿＿＿＿＿＿。
　　　　대접하게 해 주세요

考える
생각하다

少し ＿＿＿＿＿＿＿＿＿＿＿＿＿＿＿。
　　　　생각하게 해 주세요

結婚する
결혼하다

娘さんと ＿＿＿＿＿＿＿＿＿＿＿＿＿＿。
　　　　　　결혼하게 해 주세요

言う
말하다

一言 ＿＿＿＿＿＿＿＿＿＿＿＿。
　　　　말하게 해 주세요

行く
가다

スペインに ＿＿＿＿＿＿＿＿＿＿＿。
　　　　　　　가게 해 주세요

새 단어

何か 무엇인가　　　　　　東京 도쿄　　　　　　　いらっしゃる 오시다, 계시다
今度 다음, 이번　　　　　娘さん 따님　　　　　　一言 한마디
スペイン 스페인

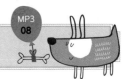

MP3
08

・私にも何か手伝わせてください。

제게도 무엇인가 돕게 해 주세요.

ーーーーーーーーーーーーーーーーーーーーーーーーーーーーーー。

・東京にいらっしゃる時は私に案内させてください。

도쿄에 오실 때는 제가 안내하게 해 주세요.

ーーーーーーーーーーーーーーーーーーーーーーーーーーーーーー。

・今度ごちそうさせてください。

다음에 대접하게 해 주세요.

ーーーーーーーーーーーーーーーーーーーーーーーーーーーーーー。

・少し考えさせてください。

조금 생각하게 해 주세요.

ーーーーーーーーーーーーーーーーーーーーーーーーーーーーーー。

・娘さんと結婚させてください。

따님과 결혼하게 해 주세요.

ーーーーーーーーーーーーーーーーーーーーーーーーーーーーーー。

・一言言わせてください。

한마디 말하게 해 주세요.

ーーーーーーーーーーーーーーーーーーーーーーーーーーーーーー。

・スペインに行かせてください。

스페인에 가게 해 주세요.

ーーーーーーーーーーーーーーーーーーーーーーーーーーーーーー。

～ている ~(하)고 있다, ~(한) 상태이다

1 만들기

동사 「～て」에서 て를 빼고 ている를 붙인다.

する 하다	→ し て + ている 하고 있다	
くる 오다	→ き て + ている 와 있다	
たべる 먹다	→ たべ て + ている 먹고 있다	
のむ 마시다	→ のん て + でいる 마시고 있다	

2 의미

• 현재진행형: 동작의 진행을 나타낸다.
• 상태: 동작이 끝나서 그 결과가 유지되는 상태를 나타낸다.

제시된 동사에 '진행'을 나타내는 ~ている를 접속하여 해석에 맞게 히라가나로 써 봅시다.

降る ふ (눈·비 등이) 내리다	雨が ＿＿＿＿＿＿＿＿＿。 あめ 내리고 있다
選ぶ えら 고르다, 선택하다	姉はまだメニューを ＿＿＿＿＿＿＿＿＿。 あね 고르고 있다
遊ぶ あそ 놀다	子どもたちは元気に ＿＿＿＿＿＿＿＿＿。 こ　　　　　げん き 놀고 있습니다

TIP いる를 ～ます로 만들자.

考える かんが 생각하다	いい方法を ＿＿＿＿＿＿＿＿＿。 ほうほう 생각하고 있습니다
調べる しら 조사하다	今、急いで ＿＿＿＿＿＿＿＿＿。 いま　いそ 조사하고 있습니다
感動する かんどう 감동하다	私は今、とても ＿＿＿＿＿＿＿＿＿。 わたし　いま 감동하고 있습니다
見る み 보다	母は部屋でドラマを ＿＿＿＿＿＿＿＿＿。 はは　へ や 보고 있었다

TIP いる를 ～た로 만들자.

 새 단어

雨 비	姉 언니, 누나	まだ 아직
メニュー 메뉴	子どもたち 아이들	元気に 건강하게, 활기차게
いい 좋다	方法 방법	とても 매우, 가장
部屋 방	ドラマ 드라마	

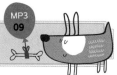

또박또박 세 번씩 읽고 예쁘게 따라 써 봅시다.

・雨が降っている。

비가 내리고 있다.

_____。

・姉はまだメニューを選んでいる。

언니는 아직 메뉴를 고르고 있다.

_____。

・子どもたちは元気に遊んでいます。

아이들은 활기차게 놀고 있습니다.

_____。

・いい方法を考えています。

좋은 방법을 생각하고 있습니다.

_____。

・今、急いで調べています。

지금 서둘러서 조사하고 있습니다.

_____。

・私は今、とても感動しています。

나는 지금 무척 감동하고 있습니다.

_____。

・母は部屋でドラマを見ていた。

엄마는 방에서 드라마를 보고 있었다.

_____。

제시된 동사에 '상태'를 나타내는 ～ている를 접속하여 해석에 맞게 히라가나로 써 봅시다.

咲く
피다

きれいな花が ＿＿＿＿＿＿＿＿＿。
피어 있다

止まる
멈추다

この時計は ＿＿＿＿＿＿＿＿＿。
멈춰져 있습니다

つく
켜지다

部屋の電気が ＿＿＿＿＿＿＿＿＿。
켜져 있습니다

着る
입다

白いシャツを ＿＿＿＿＿＿ のが田中さんです。
입고 있다

壊れる
고장나다, 망가지다

もしかしてこの機械、＿＿＿＿＿＿＿＿か。
망가졌습니다(망가진 상태입니다)

結婚する
결혼하다

彼は ＿＿＿＿＿＿＿＿＿ か。
결혼했습니다(결혼한 상태입니다)

入る
들어가(오)다

今朝までは冷蔵庫にケーキが ＿＿＿＿＿＿＿＿。
들어 있었다

🔺 **새 단어**

きれいだ 예쁘다, 깨끗하다	**花** 꽃	**時計** 시계
電気 전기, 전깃불	**白い** 하얗다, 희다	**シャツ** 셔츠
もしかして 만약	**機械** 기계	**今朝** 오늘 아침
冷蔵庫 냉장고	**ケーキ** 케이크	

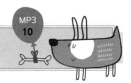

또박또박 세 번씩 읽고 예쁘게 따라 써 봅시다.

・きれいな花が咲いている。

예쁜 꽃이 피어 있다.

＿＿＿＿＿＿＿＿＿＿＿＿＿＿＿＿＿＿＿＿＿＿＿＿＿＿。

・この時計は止まっています。

이 시계는 멈춰져 있습니다.

＿＿＿＿＿＿＿＿＿＿＿＿＿＿＿＿＿＿＿＿＿＿＿＿＿＿。

・部屋の電気がついています。

방의 전깃불이 켜져 있습니다.

＿＿＿＿＿＿＿＿＿＿＿＿＿＿＿＿＿＿＿＿＿＿＿＿＿＿。

・白いシャツを着ているのが田中さんです。

하얀 셔츠를 입고 있는 사람이 다나카 씨입니다.

TIP 동사 보통체(형)이 명사 앞에 오면 꾸며주는 역할을 한다.

＿＿＿＿＿＿＿＿＿＿＿＿＿＿＿＿＿＿＿＿＿＿＿＿＿＿。

・もしかしてこの機械、壊れていますか。

혹시 이 기계 망가졌습니까?

＿＿＿＿＿＿＿＿＿＿＿＿＿＿＿＿＿＿＿＿＿＿＿＿＿＿。

・かれは結婚していますか。

그는 결혼했습니까?

＿＿＿＿＿＿＿＿＿＿＿＿＿＿＿＿＿＿＿＿＿＿＿＿＿＿。

・今朝までは冷蔵庫にケーキが入っていた。

오늘 아침까지는 냉장고에 케이크가 들어 있었다.

＿＿＿＿＿＿＿＿＿＿＿＿＿＿＿＿＿＿＿＿＿＿＿＿＿＿。

～てある ~(해)져 있다, ~(한) 상태이다

1 만들기

동사 「～て」에서 て를 빼고 てある를 붙인다.

> する 하다 → し ~~て~~ ＋ てある 해져 있다
>
> はる 붙이다 → はっ ~~て~~ ＋ てある 붙어 있다
>
> かく 쓰다 → かい ~~て~~ ＋ てある 쓰여 있다

2 의미

- 상태나 결과를 나타내는 표현이다.
- 누군가에 의해 인위적으로 이 상태가 만들어졌음을 강조한다.

제시된 동사에 ~てある를 접속하여 해석에 맞게 히라가나로 써 봅시다.

| 貼_はる
붙이다 | 部屋_{へや}にアイドルのポスターがたくさん _____ 。
붙어 있다 |

部屋_{へや}にアイドルのポスターがたくさん ＿＿＿＿＿＿＿＿＿＿。
붙어 있다

答_{こた}えは次_{つぎ}のページに ＿＿＿＿＿＿＿＿＿＿＿。
쓰여 있습니다

書_かく
쓰다

子_こどもの名前_{なまえ}はもう ＿＿＿＿＿＿＿＿＿。
정해져 있다

決_きめる
정하다

彼女_{かのじょ}のことは家族_{かぞく}に ＿＿＿＿＿＿＿＿＿＿＿。
이야기한 상태입니다

話_{はな}す
이야기하다

宿題_{しゅくだい}は ＿＿＿＿＿＿＿＿＿か。
한 상태입니다

する
하다

わからない単語_{たんご}は ＿＿＿＿＿＿＿＿＿か。
조사한 상태입니다

調_{しら}べる
조사하다

帰_{かえ}ると部屋_{へや}がきれいに ＿＿＿＿＿＿＿＿＿。
청소해져 있었다

掃除_{そうじ}する
청소하다

 새 단어

アイドル 아이돌	ポスター 포스터	たくさん 많이
次 다음	ページ 페이지	彼女 그녀, 여자친구
家族 가족	宿題 숙제	わからない 모르다
単語 단어		

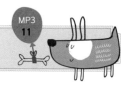

또박또박 세 번씩 읽고 예쁘게 따라 써 봅시다.

・部屋にアイドルのポスターがたくさん貼ってある。

방에 아이돌 포스터가 많이 붙어 있다.

_____。

・答えは次のページに書いてあります。

답은 다음 페이지에 쓰여 있습니다.

_____。

・子どもの名前はもう決めてある。

아이 이름은 이미 정한 상태이다.

_____。

・彼女のことは家族に話してあります。

그녀에 관해서는 가족에게 이야기한 상태입니다.

_____。

・宿題はしてありますか。

숙제는 한 상태입니까?

_____。

・わからない単語は調べてありますか。

모르는 단어는 조사했습니까?

_____。

・帰ると部屋がきれいに掃除してあった。

집에 돌아오니 방이 깨끗하게 청소해져 있었다.

_____。

학습일
/

〜なくて　〜(하)지 않고, 〜(하)지 않아서

1 만들기

동사 「〜ない」에서 ない를 빼고 なくて를 붙인다.

する 하다	→ **し** ~~ない~~ **＋なくて**	하지 않고, 하지 않아서
くる 오다	→ **こ** ~~ない~~ **＋なくて**	오지 않고, 오지 않아서
たべる 먹다	→ **たべ** ~~ない~~ **＋なくて**	먹지 않고, 먹지 않아서
のむ 마시다	→ **のま** ~~ない~~ **＋なくて**	마시지 않고, 마시지 않아서

2 의미

· 주로 '〜(하)지 않고, 〜(하)지 않아서'라고 해석된다.
· 동사 「〜ない」의 중지형이다.

해석을 보고 제시된 동사에 〜なくて를 접속하여 히라가나로 써 봅시다.

降る
(눈·비 등이) 내리다

今年の夏は雨が全然 ＿＿＿＿＿＿ 大変でした。
　　　　　　　　　　내리지 않아서

食べる
먹다

子どもが野菜を ＿＿＿＿＿＿ 心配です。
　　　　　　먹지 않아서

来る
오다

彼が ＿＿＿＿＿＿ 残念です。
　　오지 않아서

する
하다

宿題を ＿＿＿＿＿＿ 先生に怒られました。
　　하지 않아서

出かけられる
외출할 수 있다

どこにも ＿＿＿＿＿＿ 辛い。
　　　　외출하지 못해서

行ける
갈 수 있다

いっしょに ＿＿＿＿＿＿ ごめんなさい。
　　　　못 가서

会える
만날 수 있다

家族になかなか ＿＿＿＿＿＿ 寂しいです。
　　　　　　못 만나서

 새 단어

今年 올해　　　　　　　　夏 여름　　　　　　　全然 전혀
大変だ 힘들다　　　　　　野菜 채소　　　　　　心配だ 걱정이다
残念だ 유감스럽다, 아쉽다　怒る 화를 내다　　　どこにも 아무데도
辛い 괴롭다　　　　　　　ごめんなさい 미안합니다　なかなか 좀처럼
寂しい 외롭다

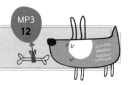

또박또박 세 번씩 읽고 예쁘게 따라 써 봅시다.

・今年の夏は雨が全然降らなくて大変でした。

올여름은 비가 전혀 내리지 않아서 힘들었습니다.

_____。

・子どもが野菜を食べなくて心配です。

아이가 채소를 먹지 않아서 걱정입니다.

_____。

・彼が来なくて残念です。

그가 오지 않아서 아쉽습니다.

_____。

・宿題をしなくて先生に怒られました。

숙제를 하지 않아서 선생님에게 혼났습니다.

_____。

・どこにも出かけられなくて辛い。

아무데도 외출하지 못해서 괴롭다.

_____。

・いっしょに行けなくてごめんなさい。

함께 못 가서 미안해요.

_____。

・家族になかなか会えなくて寂しいです。

가족을 좀처럼 못 만나서 외롭습니다.

_____。

〜ないで / 〜ずに ~(하)지 않고

1 만들기

· 동사「〜ない」에서 ない를 빼고 ないで를 붙이다.

· 동사「〜ない」에서 ない를 빼고 ずに를 붙인다.

　다만 동사 する의 경우 しずに가 아니라 せずに라고 해야 한다.

する 하다 →	し ~~ない~~ + ないで 하지 않고
	~~しない~~　せずに 하지 않고
くる 오다 →	こ ~~ない~~ + ないで 오지 않고
	こ ~~ない~~ + ずに 오지 않고
たべる 먹다 →	たべ ~~ない~~ + ないで 먹지 않고
	たべ ~~ない~~ + ずに 먹지 않고
のむ 마시다 →	のま ~~ない~~ + ないで 마시지 않고
	のま ~~ない~~ + ずに 마시지 않고

2 의미

· 주로 '〜(하)지 않고, 〜(하)지 말고' 등으로 해석된다.

· 뒤에 오는 동사를 꾸미는 역할을 한다.

해석을 보고 제시된 동사에 ～ないで를 접속하여 히라가나로 써 봅시다.

落^おとす
(화장을) 지우다

メイクを _____ 寝^ねてしまいました。
　　　　　지우지 않고

入^いれる
넣다

コーヒーにはミルクを _____ 飲^のみます。
　　　　　넣지 않고

留学^{りゅうがく}する
유학하다

_____ こんなに英語^{えいご}が話^{はな}せる
유학하지 않고

のは素晴^{すば}らしい。

해석을 보고 제시된 동사에 ～ずに를 접속하여 히라가나로 써 봅시다.

する
하다

何^{なん}の準備^{じゅんび}も _____ 来^きてしまった。
　　　　　하지 않고

休^{やす}む
쉬다

一日^{いちにち}も _____ 学校^{がっこう}に行^いきました。
　　　　　쉬지 않고

使^{つか}う
사용하다

辞書^{じしょ}は _____ 書^かいてください。
　　　　　사용하지 않고

あきらめる
포기하다, 단념하다

_____ 最後^{さいご}まで頑張^{がんば}ろう。
포기하지 않고

새 단어

メイク 화장	コーヒー 커피	ミルク 밀크, 우유
こんなに 이렇게	英語 영어	素晴らしい 멋지다, 훌륭하다
何の 어느, 무슨	準備 준비	一日 하루
学校 학교	辞書 사전	最後 마지막, 최후
頑張る 힘내다, 열심히 하다		

또박또박 세 번씩 읽고 예쁘게 따라 써 봅시다.

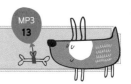

・メイクを落とさないで寝てしまいました。

화장을 지우지 않고 자 버렸습니다.

TIP 「～てしまう」는 '～해 버리다'라는 의미이다. <p.142 참고>

_____ 。

・コーヒーにはミルクを入れないで飲みます。

커피에는 우유를 넣지 않고 마십니다.

_____ 。

・留学しないでこんなに英語が話せるのは素晴らしい。

유학하지 않고 이렇게 영어를 잘하는 것은 훌륭하다.

_____ 。

・何の準備もせずに来てしまった。

아무 준비도 하지 않고 와 버렸다.

_____ 。

・一日も休まずに学校に行きました。

하루도 쉬지 않고 학교에 갔습니다.

_____ 。

・辞書は使わずに書いてください。

사전은 사용하지 말고 써 주세요.

_____ 。

・あきらめずに最後まで頑張ろう。

포기하지 말고 마지막까지 힘내자.

_____ 。

～ないでください ～(하)지 마세요

1 만들기

동사 「～ない」에서 ない를 빼고 ないでください를 붙인다.

する 하다	→	し ~~ない~~ + ないでください 하지 마세요
くる 오다	→	こ ~~ない~~ + ないでください 오지 마세요
たべる 먹다	→	たべ ~~ない~~ + ないでください 먹지 마세요
のむ 마시다	→	のま ~~ない~~ + ないでください 마시지 마세요

2 의미

· 주로 '～(하)지 마세요'라고 해석된다.

· 상대방에게 어떠한 행동을 하지 말라고 요구·권유할 때 쓴다.

해석을 보고 제시된 동사에 ～ないでください를 접속하여 히라가나로 써 봅시다.

| 笑う
わら
웃다 | 失敗しても
しっぱい _____。
웃지 마세요 |

| 走る
はし
뛰다, 달리다 | 危ないので
あぶ _____。
뛰지 마세요 |

| 捨てる
す
버리다 | ここにゴミを _____。
버리지 마세요 |

| 負ける
ま
지다 | 病気に
びょうき _____。
지지 마세요 |

| 遅れる
おく
늦다 | 明日は絶対に
あした ぜったい _____。
늦지 마세요 |

| 来る
く
오다 | まだここには _____。
오지 마세요 |

| がっかりする
실망하다 | そんなに _____。
실망하지 마세요 |

새 단어

失敗する 실패하다　　　　危ない 위험하다　　　　ゴミ 쓰레기
病気 병　　　　　　　　　絶対に 절대로　　　　そんなに 그렇게

MP3
14

・失敗しても笑わないでください。

실패해도 웃지 마세요.

_____。

・危ないので走らないでください。

위험하니까 뛰지 마세요.

_____。

・ここにゴミを捨てないでください。

여기에 쓰레기를 버리지 마세요.

_____。

・病気に負けないでください。

병에 지지 마세요.

_____。

・明日は絶対に遅れないでください。

내일은 절대 늦지 마세요.

_____。

・まだここには来ないでください。

아직 여기에는 오지 마세요.

_____。

・そんなにがっかりしないでください。

그렇게 실망하지 마세요.

_____。

78

～に+이동 동사 ~(하)러 이동하다

1 만들기

동사 「～ます」에서 ます를 빼고 に를 붙인다.

する 하다	→	し ~~ます~~ + に 하러
たべる 먹다	→	たべ ~~ます~~ + に 먹으러
のむ 마시다	→	のみ ~~ます~~ + に 마시러

2 의미

- '～(하)러'라고 해석되며, 목적을 나타낸다.
- 이동 동사인 来る(오다), 行く(가다), 帰る(집에 돌아가다), 出かける(외출하다) 등과 함께 쓰일 때가 많다.

会う あ 만나다	友だちに _____ 韓国へ来ました。 とも　　　만나러　　かんこく　き
飲む の 마시다	この後時間があったらお酒を _____ 行きましょう。 あと じ かん　　　さけ　마시러　い
買う か 사다	母は薬を _____ 出かけています。 はは くすり　사러　で
手伝う て つだ 돕다	_____ 来ました。 도우러　き
食べる た 먹다	週末、家にご飯を _____ 来ませんか。 しゅうまつ うち はん　먹으러　き
する 하다	弟は試験勉強を _____ 図書館へ行きました。 おとうと し けんべんきょう　하러　と しょかん い
送る おく 보내다, 배웅하다	荷物を _____ 郵便局へ行きます。 に もつ　보내러　ゆうびんきょく い

 새 단어

友だち 친구	この後 이후	時間 시간
お酒 술	母 엄마, 어머니	ご飯 밥
弟 남동생	試験 시험	図書館 도서관
荷物 짐	郵便局 우체국	

・友だちに会いに韓国へ来ました。

친구를 만나러 한국에 왔습니다.

_____。

・この後時間があったらお酒を飲みに行きましょう。

이후에 시간이 있으면 술을 마시러 갑시다.

_____。

・母は薬を買いに出かけています。

엄마는 약을 사러 외출했습니다.

_____。

・手伝いに来ました。

도우러 왔습니다.

_____。

・週末、家にご飯を食べに来ませんか。

주말에 우리집으로 밥을 먹으러 오지 않겠습니까?

_____。

・弟は試験勉強をしに図書館へ行きました。

남동생은 시험 공부를 하러 도서관에 갔습니다.

_____。

・荷物を送りに郵便局へ行きます。

짐을 보내러 우체국에 갈 겁니다.

_____。

～やすい ～(하)기 편하다, ～(하)기 쉽다

1 만들기

동사 「～ます」에서 ます를 빼고 やすい를 붙인다.

する 하다	→	し ~~ます~~ + やすい 하기 쉽다
くる 오다	→	き ~~ます~~ + やすい 오기 쉽다
たべる 먹다	→	たべ ~~ます~~ + やすい 먹기 쉽다
のむ 마시다	→	のみ ~~ます~~ + やすい 마시기 쉽다

2 의미

형용사 やすい가 동사에 접속되면, 주로 '～(하)기 쉽다, ～(하)기 편하다, ～(하)기 좋다' 등의 뜻으로 쓰인다.

育てる
기르다, 키우다

ハーブは初心者でも ＿＿＿＿＿＿＿＿＿＿。
기르기 쉽다

相談する
상담하다

彼女は優しいので何でも ＿＿＿＿＿＿＿＿＿＿。
상담하기 좋다

飲む
마시다

このビールはとても ＿＿＿＿＿＿＿＿＿。
마시기 좋다

働く
일하다

今の会社は給料も高く、＿＿＿＿＿＿＿＿＿＿です。
일하기 편하다

使う
사용하다

このケータイは前のモデルよりも ＿＿＿＿＿＿＿＿＿＿
사용하기 편하다

です。

間違える
틀리다, 실수하다

この文法は ＿＿＿＿＿＿＿＿＿ ので気をつけて
틀리기 쉽다

ください。

来る
오다

このお店は家族でも ＿＿＿＿＿＿＿ 雰囲気だ。
오기 좋다

 새 단어

ハーブ 허브	初心者 초심자	優しい 상냥하다, 자상하다
何でも 무엇이든	ビール 맥주	給料 급료
高い 높다, 비싸다	ケータイ 휴대전화	前 전, 앞
モデル 모델	気をつける 조심하다, 주의하다	お店 가게
雰囲気 분위기		

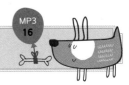

MP3 16

・ハーブは初心者でも育てやすい。

허브는 초심자라도 기르기 쉽다.

_____。

・彼女は優しいので何でも相談しやすい。

그녀는 다정해서 무엇이든 상담하기 좋다.

_____。

・このビールはとても飲みやすい。

이 맥주는 아주 마시기 좋다.

_____。

・今の会社は給料も高く、働きやすいです。

지금 회사는 급료도 높고 일하기 편합니다.

_____。

・このケータイは前のモデルよりも使いやすいです。

이 휴대전화는 전 모델보다도 쓰기 편합니다.

_____。

・この文法は間違えやすいので気をつけてください。

이 문법은 틀리기 쉬우므로 주의해 주세요.

_____。

・このお店は家族でも来やすい雰囲気だ。

이 가게는 가족끼리도 오기 좋은 분위기다.

_____。

～にくい ~(하)기 어렵다, ~(하)기 힘들다

1 만들기

동사「～ます」에서 ます를 빼고 にくい를 붙이다.

する 하다	→ し ~~ます~~ + にくい 하기 어렵다	
くる 오다	→ き ~~ます~~ + にくい 오기 어렵다	
たべる 먹다	→ たべ ~~ます~~ + にくい 먹기 어렵다	
のむ 마시다	→ のみ ~~ます~~ + にくい 마시기 어렵다	

2 의미

형용사 にくい가 동사에 접속되면, '~(하)기 어렵다, ~(하)기 힘들다' 등의 뜻으로 쓰인다.

運転する 운전하다	道がせまくて ＿＿＿＿＿＿＿＿＿＿＿＿＿＿＿＿＿。 운전하기 어렵다
やせる 살이 빠지다	私は ＿＿＿＿＿＿＿＿＿ 体質です。 살빼기 어렵다
わかる 알다, 이해하다	そのレストランは ＿＿＿＿＿＿＿＿ 場所にあった。 알기 어렵다
読む 읽다	字が小さくて ＿＿＿＿＿＿ です。 읽기 어렵다
説明する 설명하다	とても複雑でちょっと ＿＿＿＿＿＿＿＿＿＿＿ 설명하기 어렵다 です。
答える 대답하다	その質問は ＿＿＿＿＿＿ ですね。 대답하기 어렵다
使う 사용하다, 쓰다	はしは ＿＿＿＿＿＿＿＿＿ ですか。 사용하기 어렵지 않다

TIP い형용사의 보통체 부정형 「～くない」를 떠올려 활용해 보자.

 새 단어

道 길	せまい 좁다	体質 체질
レストラン 레스토랑, 식당	場所 장소, 위치	字 글자
小さい 작다	複雑だ 복잡하다	ちょっと 좀, 조금
質問 질문	はし 젓가락	

86

・道がせまくて運転しにくい。

길이 좁아서 운전하기 어렵다.

_____。

・私はやせにくい体質です。

나는 살빼기 어려운 체질입니다.

_____。

・そのレストランはわかりにくい場所にあった。

그 레스토랑은 알기 어려운 위치에 있었다.

_____。

・字が小さくて読みにくいです。

글씨가 작아서 읽기 어렵습니다.

_____。

・とても複雑でちょっと説明しにくいです。

너무 복잡해서 좀 설명하기 어렵습니다.

_____。

・その質問は答えにくいですね。

그 질문은 대답하기 어렵습니다.

_____。

・はしは使いにくくないですか。

젓가락은 사용하기 어렵지 않습니까?

_____。

〜かた 〜(하는 방법, 〜(하)는 법

1 만들기

동사「〜ます」에서 ます를 빼고 かた를 붙인다.

する 하다	→	し <s>ます</s> + かた 하는 방법
くる 오다	→	き <s>ます</s> + かた 오는 방법
たべる 먹다	→	たべ <s>ます</s> + かた 먹는 방법
のむ 마시다	→	のみ <s>ます</s> + かた 마시는 방법

2 의미

· 명사 **方**(かた)는 '법, 방법'이라는 뜻이다.
· **方**가 동사에 붙으면, 주로 '〜(하)는 방법, 〜(하)는 법'이라고 해석된다.

読む
읽다

この漢字の ＿＿＿＿＿＿ は難しい。
読む方법

買う
사다

外国人に切符の ＿＿＿＿＿＿ を教えてあげた。
사는 방법

作る
만들다

カレーの ＿＿＿＿＿＿ は簡単です。
만드는 방법

着る
입다

浴衣の ＿＿＿＿＿＿ を教えてもらいました。
입는 방법

食べる
먹다

この料理の ＿＿＿＿＿＿ を教えてください。
먹는 방법

教える
가르치다

田中先生は ＿＿＿＿＿＿ が上手だ。
가르치는 방법

する
하다

日本語の勉強の ＿＿＿＿＿＿ がわかりません。
하는 방법

🔺 **새 단어**

漢字 한자	**難しい** 어렵다	**外国人** 외국인
切符 티켓, 표	**カレー** 카레	**簡単だ** 간단하다, 쉽다
浴衣 유카타, 여름철에 입는 무명 홑옷		**料理** 요리, 음식
先生 선생(님)	**上手だ** 능숙하다, 잘하다	**日本語** 일본어

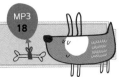

또박또박 세 번씩 읽고 예쁘게 따라 써 봅시다.

・この漢字の読み方は難しい。
이 한자의 읽는 방법은 어렵다.

・外国人に切符の買い方を教えてあげた。
외국인에게 티켓 사는 법을 알려 주었다.

TIP 「〜てあげる」는 '〜(해) 주다'라는 의미이다. <p.148 참고>

・カレーの作り方は簡単です。
카레 만드는 법은 쉽습니다.

・浴衣の着方を教えてもらいました。
유카타 입는 법을 배웠습니다.

TIP 「〜てもらう」는 '〜(해) 받다'라는 의미이다. <p.154 참고>

・この料理の食べ方を教えてください。
이 요리의 먹는 법을 알려 주세요.

・田中先生は教え方が上手だ。
다나카 선생님은 잘 가르친다.

・日本語の勉強のし方がわかりません。
일본어 공부 하는 법을 모르겠습니다.

～前 ～(하)기 전
～た後 ～(한) 후

まえ
あと

학습일

1 만들기

· 동사 보통체형에 **まえ**를 붙인다.

· 과거를 나타내는 동사 「～た」에서 た를 빼고 **たあと**를 붙인다.

する 하다	→	**する ＋ まえ** 하기 전
	→	**し た ＋ たあと** 한 후
くる 오다	→	**くる ＋ まえ** 오기 전
	→	**き た ＋ たあと** 온 후
たべる 먹다	→	**たべる ＋ まえ** 먹기 전
	→	**たべ た ＋ たあと** 먹은 후
のむ 마시다	→	**のむ ＋ まえ** 마시기 전
	→	**のん だ ＋ だあと** 마신 후

2 의미

· 명사 前(まえ)는 '(시간상의) 앞'을 뜻한다.
 동사에 前(まえ)가 붙으면, '～(하)기 전에'라는 의미로 동작의 순서를 나타낸다.

· 명사 後(あと)는 '(시간상의) 뒤'를 뜻한다.
 동사에 後(あと)가 붙으면, '～(한) 후'라는 의미로 동작의 순서를 나타낸다.

해석을 보고 제시된 동사에 ~まえ를 접속하여 히라가나로 써 봅시다.

使う
つか
사용하다

辞書を ＿＿＿＿＿＿＿＿＿ に一度考えてみましょう。
じしょ　　　　　　　　　　　　　　　　いちど かんが
　　　　　　사용하기 전

死ぬ
し
죽다

＿＿＿＿＿＿＿＿＿ にやりたいことは何ですか。
　　　　　　　　　　　　　　　　　なん
　　죽기 전

食べる
た
먹다

この薬はご飯を ＿＿＿＿＿＿＿＿＿ に飲んでください。
くすり　はん　　　　　　　　　　　　　　　　　の
　　　　　　먹기 전

出かける
で
외출하다

＿＿＿＿＿＿＿＿＿ に忘れ物がないか確認しよう。
　　　　　　　　　　　わす もの　　　　　かくにん
　　외출하기 전

寝る
ね
자다

＿＿＿＿＿＿＿＿＿ はあまりケータイを見ない方が
　　　　　　　　　　　　　　　　　　　み　　ほう
　자기 전

いいですよ。

来る
く
오다

ここに ＿＿＿＿＿＿＿＿＿ は元気だった。
　　　　　　　　　　　　　　　げんき
　　　　오기 전

卒業する
そつぎょう
졸업하다

大学を ＿＿＿＿＿＿＿＿＿ にたくさん
だいがく
　　　　　　졸업하기 전

旅行に行っておきたい。
りょこう い

▲ **새 단어**

一度 한 번	やる 하다	何 무엇
忘れ物 분실물, 잊고 놓고 온 물건	確認 확인	見る 보다
方 편, 쪽	元気だ 건강하다, 활기차다	大学 대학
旅行 여행		

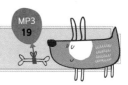

또박또박 세 번씩 읽고 예쁘게 따라 써 봅시다.

・辞書を使う前に一度考えてみましょう。

사전을 사용하기 전에 한 번 생각해 봅시다.

_____。

・死ぬ前にやりたいことは何ですか。

죽기 전에 하고 싶은 일은 무엇입니까?

_____。

・この薬はご飯を食べる前に飲んでください。

이 약은 밥을 먹기 전에 드세요.

_____。

・出かける前に忘れ物がないか確認しよう。

외출하기 전에 잊은 것이 없는지 확인하자.

_____。

・寝る前はあまりケータイを見ない方がいいですよ。

자기 전에는 그다지 휴대전화를 보지 않는 편이 좋습니다.

TIP 조언할 때 쓰는 「~ないほうがいい」에 대해서는 p.113를 참고하자.

_____。

・ここに来る前は元気だった。

여기에 오기 전에는 건강했다.

_____。

・大学を卒業する前にたくさん旅行に行っておきたい。

대학을 졸업하기 전에 여행을 많이 가 두고 싶다.

TIP 「~ておく」는 '~(해) 두다'라는 의미이다. <p.139 참고>

_____。

| 言う
말하다 | _____、すぐに後悔した。
　　　말한 후 |

お酒を_____、運転してはいけません。
　　　　마신 후

| 飲む
마시다 |

お店を_____、忘れ物に気づいた。
　　　　나온 후

| 出る
나가(오)다 |

昨日は仕事が_____、ジムに行きま
　　　　　　끝난 후
した。

| 終わる
끝나다 |

姉は会社を_____、日本に留学するつもり
　　　　　그만둔 후
です。

| 辞める
그만두다 |

_____、また同じ失敗をして
실패한 후
しまった。

| 失敗する
실패하다 |

_____、すぐリバウンドしてしまった。
살이 빠진 후

| やせる
살이 빠지다 |

 새 단어

すぐに 곧, 금방	後悔 후회	気づく 알아차리다, 눈치 채다
仕事 일	ジム 체육관, 헬스클럽	日本 일본
つもり 생각, 작정	同じ 같은	リバウンド 리바운드, 요요현상

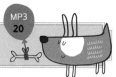

또박또박 세 번씩 읽고 예쁘게 따라 써 봅시다.

・言った後、すぐに後悔した。
말한 후 바로 후회했다.

。

・お酒を飲んだ後、運転してはいけません。
술을 마신 후 운전하면 안됩니다.

。

・お店を出た後、忘れ物に気づいた。
가게에서 나온 후 두고 온 물건을 알아챘다.

。

・昨日は仕事が終わった後、ジムに行きました。
어제는 일이 끝난 후 헬스클럽에 갔습니다.

。

・姉は会社を辞めた後、日本に留学するつもりです。
언니는 회사를 그만둔 후, 일본에 유학할 생각입니다.

。

・失敗した後、また同じ失敗をしてしまった。
실패한 후 또 같은 실패를 해 버렸다.

。

・やせた後、すぐにリバウンドしてしまった。
살이 빠진 후 금방 요요현상이 와 버렸다.

。

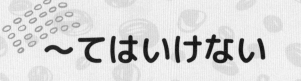

〜てはいけない
〜てはならない ~(하)면 안 된다

1 만들기

- 동사 「〜て」에서 て를 빼고 てはいけない를 붙인다.
- 동사 「〜て」에서 て를 빼고 てはならない를 붙인다.

する 하다 →	し て + てはいけない 하면 안 된다
	し て + てはならない 하면 안 된다
くる 오다 →	き て + てはいけない 오면 안 된다
	き て + てはならない 오면 안 된다
たべる 먹다 →	たべ て + てはいけない 하면 안 된다
	たべ て + てはならない 하면 안 된다
のむ 마시다 →	のん て + ではいけない 마시면 안 된다
	のん て + ではならない 마시면 안 된다

2 의미

- 주로 '〜(하)면 안 된다'라고 해석된다.
- 어떤 행위를 하면 안 된다고 말하고자 할 때 사용하는 금지 표현이다.

해석을 보고 제시된 동사에 ~てはいけない를 접속하여 히라가나로 써 봅시다.

連れてくる
데리고 오다

ペットを _____。
데리고 오면 안 된다

遅刻する
지각하다

試験に _____。
지각하면 안 된다

入る
들어개(오)다

ここから先は _____。
들어가면 안 됩니다

吸う
(담배를) 피우다

部屋の中でタバコを _____。
피우면 안 됩니다

寝る
자다

授業中、_____。
자면 안 됩니다.

해석을 보고 제시된 동사에 ~てはならない를 접속하여 히라가나로 써 봅시다.

開ける
열다

このドアを _____。
열면 안 된다

飲む
마시다

未成年者はお酒を _____。
마시면 안 된다

 새 단어

ペット 반려동물	先 앞	タバコ 담배
授業中 수업 중	ドア 문	未成年者 미성년자

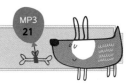

MP3
21

- ペットを連れてきてはいけない。

  반려동물을 데리고 오면 안 된다.

- 試験に遅刻してはいけない。

  시험에 지각하면 안 된다.

- ここから先は入ってはいけません。

  여기서부터는 들어가면 안 됩니다.

- 部屋の中でタバコを吸ってはいけません。

  방 안에서 담배를 피우면 안 됩니다.

- 授業中、寝てはいけません。

  수업 중 자면 안 됩니다.

- このドアを開けてはならない。

  이 문을 열면 안 된다.

- 未成年者はお酒を飲んではならない。

  미성년자는 술을 마시면 안 된다.

〜なくてはいけない
〜なければならない
~(하)지 않으면 안된다, ~(해)야 한다

1 만들기

• 동사「〜ない」에서 ない를 빼고 なくてはいけない를 붙인다.

• 동사「〜ない」에서 ない를 빼고 なければならない를 붙인다.
　회화를 할 때는 なければ를 줄여서「なきゃ」의 형태로 말하기도 한다.

する 하다 →	**し** ~~ない~~ + **なくてはいけない** 해야 한다
	し ~~ない~~ + **なければならない** 해야 한다
くる 오다 →	**こ** ~~ない~~ + **なくてはいけない** 와야 한다
	こ ~~ない~~ + **なければならない** 와야 한다
たべる 먹다 →	**たべ** ~~ない~~ + **なくてはいけない** 먹어야 한다
	たべ ~~ない~~ + **なければならない** 먹어야 한다
のむ 마시다 →	**のま** ~~ない~~ + **なくてはいけない** 마셔야 한다
	のま ~~ない~~ + **なければならない** 마셔야 한다

2 의미

• 주로 '〜(해)야 한다'라고 해석된다.

• 의무나 필요성이 있는 일을 상대방에게 말할 때 쓴다.

해석을 보고 제시된 동사에 〜なくてはいけない를 접속하여 히라가나로 써 봅시다.

来る
く
오다

明日もここに _____ 。
あした
와야 한다

起きる
お
일어나다

明日は６時に _____ 。
あした　　じ
일어나야 한다

出す
だ
내다, 제출하다

昨日までにレポートを _____
きのう
내야만 했다

_____ 。

TIP いけない를 い형용사의 보통체 과거형「〜かった」로 활용해 보자.

해석을 보고 제시된 동사에 〜なければならない를 접속하여 히라가나로 써 봅시다.

成功する
せいこう
성공하다

今回は必ず _____
こんかい　かなら
성공해야 한다

_____ 。

出発する
しゅっぱつ
출발하다

時間がないのでそろそろ _____
じ　かん
출발해야 한다

_____ 。

守る
まも
지키다

約束は _____ 。
やくそく
지켜야 합니다

答える
こた
대답하다

質問には _____ 。
しつもん
대답해야 합니다

 새 단어

レポート 보고서, 리포트　　　今回 이번

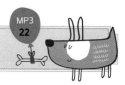

・<ruby>明日<rt>あした</rt></ruby>もここに<ruby>来<rt>こ</rt></ruby>なくてはいけない。

내일도 여기에 와야 한다.

_____。

・<ruby>明日<rt>あした</rt></ruby>は６<ruby>時<rt>じ</rt></ruby>に<ruby>起<rt>お</rt></ruby>きなくてはいけない。

내일은 여섯 시에 일어나야 한다.

_____。

・<ruby>昨日<rt>きのう</rt></ruby>までにレポートを<ruby>出<rt>だ</rt></ruby>さなくてはいけなかった。

어제까지 보고서를 내야만 했다.

_____。

・<ruby>今回<rt>こんかい</rt></ruby>は<ruby>必<rt>かなら</rt></ruby>ず<ruby>成功<rt>せいこう</rt></ruby>しなければならない。

이번에는 꼭 성공해야 한다.

_____。

・<ruby>時間<rt>じかん</rt></ruby>がないのでそろそろ<ruby>出発<rt>しゅっぱつ</rt></ruby>しなければならない。

시간이 없으니 슬슬 출발해야 한다.

_____。

・<ruby>約束<rt>やくそく</rt></ruby>は<ruby>守<rt>まも</rt></ruby>らなければなりません。

약속은 지켜야 합니다.

_____。

・<ruby>質問<rt>しつもん</rt></ruby>には<ruby>答<rt>こた</rt></ruby>えなければなりません。

질문에는 대답해야 합니다.

_____。

〜てもいい
〜てもかまわない
~(해)도 된다, ~(해)도 상관없다

학습일
/

1 만들기

· 동사「〜て」에서 て를 빼고 てもいい를 붙인다.
· 동사「〜て」에서 て를 빼고 てもかまわないい를 붙인다.

する 오다 →	し て̶ + てもいい 해도 된다
	し て̶ + てもかまわない 해도 상관없다
くる 오다 →	き て̶ + てもいい 와도 된다
	き て̶ + てもかまわない 와도 상관없다
たべる 먹다 →	たべ て̶ + てもいい 먹어도 된다
	たべ て̶ + てもかまわない 먹어도 상관없다
のむ 마시다 →	のん て̶ + でもいい 마셔도 된다
	のん て̶ + でもかまわない 마셔도 상관없다

2 의미

· 주로 '〜(해)도 된다, 〜(해)도 상관없다'라고 해석된다.
· 어떤 행위를 해도 좋다고 허가할 때 쓴다.

해석을 보고 제시된 동사에 ～てもいい를 접속하여 히라가나로 써 봅시다.

| 行く
가다 | 明日、遊びに ＿＿＿＿＿＿＿＿＿＿＿ ？
가도 된다 |

| 撮る
(사진을) 찍다 | ここで写真を ＿＿＿＿＿＿＿＿＿＿ ですか。
찍어도 된다 |

| 話す
이야기하다 | 韓国語で ＿＿＿＿＿＿＿＿＿＿ ですよ。
이야기해도 된다 |

| 閉める
닫다 | 寒いので窓を ＿＿＿＿＿＿＿＿＿＿ ですか。
닫아도 된다 |

| お願いする
부탁드리다 | 一つ ＿＿＿＿＿＿＿＿＿＿＿＿＿ ですか。
부탁드려도 된다 |

해석을 보고 제시된 동사에 ～てもかまわない를 접속하여 히라가나로 써 봅시다.

| 捨てる
버리다 | 使わなければ ＿＿＿＿＿＿＿＿＿＿＿＿＿＿ 。
버려도 된다 |

| 来る
오다 | だれと ＿＿＿＿＿＿＿＿＿＿＿ 。
와도 상관없다 |

새 단어

| 写真 사진 | 寒い 춥다 | 窓 창문 |
| 一つ 한 개, 하나 | だれ 누구 | |

103

또박또박 세 번씩 읽고 예쁘게 따라 써 봅시다.

・明日、遊びに行ってもいい？

회화를 할 때 끝을 올려 말하면 か를 붙이지 않아도 의문문이 된다.

내일 놀러 가도 돼?

＿＿＿＿＿＿＿＿＿＿＿＿＿＿＿＿＿＿＿＿＿＿＿＿＿＿＿＿。

・ここで写真を撮ってもいいですか。

여기서 사진을 찍어도 됩니까?

＿＿＿＿＿＿＿＿＿＿＿＿＿＿＿＿＿＿＿＿＿＿＿＿＿＿＿＿。

・韓国語で話してもいいですよ。

한국어로 이야기해도 돼요.

＿＿＿＿＿＿＿＿＿＿＿＿＿＿＿＿＿＿＿＿＿＿＿＿＿＿＿＿。

・寒いので窓を閉めてもいいですか。

추우니까 문을 닫아도 됩니까?

＿＿＿＿＿＿＿＿＿＿＿＿＿＿＿＿＿＿＿＿＿＿＿＿＿＿＿＿。

・一つお願いしてもいいですか。

한 가지 부탁드려도 될까요?

＿＿＿＿＿＿＿＿＿＿＿＿＿＿＿＿＿＿＿＿＿＿＿＿＿＿＿＿。

・使わなければ捨ててもかまわない。

사용하지 않으면 버려도 상관없다.

＿＿＿＿＿＿＿＿＿＿＿＿＿＿＿＿＿＿＿＿＿＿＿＿＿＿＿＿。

・だれと来てもかまわない。

누구랑 와도 상관없다.

＿＿＿＿＿＿＿＿＿＿＿＿＿＿＿＿＿＿＿＿＿＿＿＿＿＿＿＿。

～なくてもいい
～なくてもかまわない

～(하)지 않아도 된다, ～(하)지 않아도 상관없다

1 만들기

- 동사 「～ない」에서 ない를 빼고 なくてもいい를 붙인다.
- 동사 「～ない」에서 ない를 빼고 なくてもかまわない를 붙인다.

する 하다 →	し ~~ない~~ + なくてもいい	하지 않아도 된다
	し ~~ない~~ + なくてもかまわない	하지 않아도 상관없다
くる 오다 →	こ ~~ない~~ + なくてもいい	오지 않아도 된다
	こ ~~ない~~ + なくてもかまわない	오지 않아도 상관없다
たべる 먹다 →	たべ ~~ない~~ + なくてもいい	먹지 않아도 된다
	たべ ~~ない~~ + なくてもかまわない	먹지 않아도 상관없다
のむ 마시다 →	のま ~~ない~~ + なくてもいい	마시지 않아도 된다
	のま ~~ない~~ + なくてもかまわない	마시지 않아도 상관없다

2 의미

- 주로 '～(하)지 않아도 된다, ～(하)지 않아도 상관없다'라고 해석된다.
- 어떤 행위를 하지 않아도 괜찮다고 말할 때 쓴다.

来る
く
오다

君はいっしょに ＿＿＿＿＿＿＿＿＿＿＿ 。
きみ
오지 않아도 된다

覚える
おぼ
기억하다, 외우다

この単語は ＿＿＿＿＿＿＿＿＿＿＿＿＿ 。
たん ご
외우지 않아도 된다

飲む
の
마시다

飲めないなら無理に ＿＿＿＿＿＿＿＿
の   む り
마시지 않아도 된다

ですよ。

知る
し
알다

世の中には ＿＿＿＿＿＿＿＿＿ ことがある。
よ なか
알지 않아도 된다

緊張する
きんちょう
긴장하다

そんなに ＿＿＿＿＿＿＿＿＿＿＿＿
긴장하지 않아도 된다

ですよ。

見せる
み
보이다

嫌なら写真は ＿＿＿＿＿＿＿＿＿＿
いや   しゃしん
보여주지 않아도 상관없습니다

＿＿＿ 。

> **TIP** かまわない의 정중형은 かまいません과 かまわないです로
> 나타낼 수 있는데 여기서는 かまいません으로 연습하자.

する
하다

返事は ＿＿＿＿＿＿＿＿＿＿＿＿＿＿ 。
へん じ
하지 않아도 상관없습니다

새 단어

君 너
返事 답장

無理に 무리하게

世の中 세상

106

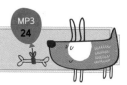

또박또박 세 번씩 읽고 예쁘게 따라 써 봅시다.

・君はいっしょに来なくてもいい。

너는 함께 오지 않아도 된다.

_____ 。

・この単語は覚えなくてもいい。

이 단어는 외우지 않아도 된다.

_____ 。

・飲めないなら無理に飲まなくてもいいですよ。

마실 수 없다면 무리하게 마시지 않아도 됩니다.

_____ 。

・世の中には知らなくていいことがある。

세상에는 몰라도 되는 일이 있다.

_____ 。

・そんなに緊張しなくてもいいですよ。

그렇게 긴장하지 않아도 됩니다.

_____ 。

・嫌なら写真は見せなくてもかまいません。

싫으면 사진은 보여주지 않아도 괜찮습니다.

_____ 。

・返事はしなくてもかまいません。

답장은 하지 않아도 상관없습니다.

_____ 。

～たことがある ~(한) 적이 있다
～たことがない ~(한) 적이 없다

1 만들기

- 동사 「～た」에서 た를 빼고 たことがある를 붙인다.
- 동사 「～た」에서 た를 빼고 たことがない를 붙인다.

する 하다	→	し <del>た</del> + たことがある 한 적이 있다
		し <del>た</del> + たことがない 한 적이 없다
くる 오다	→	き <del>た</del> + たことがある 온 적이 있다
		き <del>た</del> + たことがない 온 적이 없다
たべる 먹다	→	たべ <del>た</del> + たことがある 먹은 적이 있다
		たべ <del>た</del> + たことがない 먹은 적이 없다
のむ 마시다	→	のん <del>だ</del> + だことがある 마신 적이 있다
		のん <del>だ</del> + だことがない 마신 적이 없다

2 의미

- 과거의 경험을 나타낸다.
- 「～たことがある」는 '～(한) 적이 있다'라고 해석되며 경험해 본 적이 있음을 나타낸다.
- 「～たことがない」는 '～(한) 적이 없다'라고 해석되며 경험해 본 적이 없음을 나타낸다.

제시된 동사에 ～たことがある를 접속하여 해석에 맞게 히라가나로 써 봅시다.

食べる
먹다

その料理は日本で ＿＿＿＿＿＿＿＿＿＿＿＿＿＿＿。
　　　　　　　　　　먹은 적이 있다

勝つ
이기다

そのチームには一度だけ ＿＿＿＿＿＿＿＿＿＿＿。
　　　　　　　　　　　　　이긴 적이 있다

来る
오다

昔、ここに ＿＿＿＿＿＿＿＿＿＿。
　　　　　　온 적이 있다

行く
가다

ヨーロッパに ＿＿＿＿＿＿＿＿＿＿。
　　　　　　　간 적이 있습니다

着る
입다

着物を ＿＿＿＿＿＿＿＿＿。
　　　　입은 적이 있습니다

留学する
유학하다

海外に ＿＿＿＿＿＿＿＿＿
　　　　유학한 적이 있습니다
＿＿ か。

聞く
듣다, 묻다

どこかで ＿＿＿＿＿＿＿＿＿ 話だ。
　　　　　들은 적이 있다

 새 단어

チーム 팀	**昔** 옛날	**ヨーロッパ** 유럽
着物 기모노, 일본 전통 의상	**海外** 해외	**話** 이야기

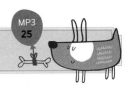

・その料理は日本で食べたことがある。

그 요리는 일본에서 먹은 적이 있다.

・そのチームには一度だけ勝ったことがある。

그 팀에게는 딱 한 번 이긴 적이 있다.

・昔、ここに来たことがある。

옛날에 여기에 온 적이 있다.

・ヨーロッパに行ったことがあります。

유럽에 간 적이 있습니다.

・着物を着たことがあります。

기모노를 입은 적이 있습니다.

・海外に留学したことがありますか。

해외에 유학한 적이 있습니까?

・どこかで聞いたことがある話だ。

어딘가에서 들은 적이 있는 이야기다.

제시된 동사에 ~たことがない를 접속하여 해석에 맞게 히라가나로 써 봅시다.

りょこう **旅行する** 여행하다	ひとり 一人で ＿＿＿＿＿＿＿＿＿＿＿＿＿＿＿＿＿＿＿＿＿＿ 。 여행한 적이 없다
わす **忘れる** 잊다	かのじょ　　　　　　　いち ど 彼女のことは一度も ＿＿＿＿＿＿＿＿＿＿＿＿＿＿ 。 잊은 적이 없다
す **吸う** (담배를) 피우다	タバコを ＿＿＿＿＿＿＿＿＿＿＿＿＿＿ 。 피운 적이 없다
ち こく **遅刻する** 지각하다	いち ど 一度も ＿＿＿＿＿＿＿＿＿＿＿＿＿＿＿＿＿＿ 。 지각한 적이 없습니다

TIP ない의 정중형은 ありません과 ないです로 나타낼 수 있는데 여기서는 ありません으로 연습하자.

の **飲む** 마시다	さけ お酒を ＿＿＿＿＿＿＿＿＿＿＿＿＿＿＿＿＿＿ 。 마신 적이 없습니다
み **見る** 보다	ゆき 雪を ＿＿＿＿＿＿＿＿＿＿＿＿＿＿＿＿ 。 본 적이 없습니다
かんが **考える** 생각하다	いち ど そんなことは一度も ＿＿＿＿＿＿＿＿＿＿＿＿＿＿＿＿＿＿ 생각한 적이 없었다 ＿＿＿＿＿＿＿＿＿ 。

▲ **새 단어**

一人で 혼자서	一度も 한 번도	雪 눈

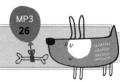

또박또박 세 번씩 읽고 예쁘게 따라 써 봅시다.

・一人で旅行したことがない。
혼자서 여행한 적이 없다.

_____。

・彼女のことは一度も忘れたことがない。
그녀에 관해서는 한 번도 잊은 적이 없다.

_____。

・タバコを吸ったことがない。
담배를 피운 적이 없다.

_____。

・一度も遅刻したことがありません。
한 번도 지각한 적이 없습니다.

_____。

・お酒を飲んだことがありません。
술을 마신 적이 없습니다.

_____。

・雪を見たことがありません。
눈을 본 적이 없습니다.

_____。

・そんなことは一度も考えたことがなかった。
그런 일은 한 번도 생각한 적이 없었다.

_____。

～たほうがいい ~(하)는 편이 좋다
～ないほうがいい ~(하)지 않는 편이 좋다

1 만들기

- 동사 「～た」에서 た를 빼고 たほうがいい를 붙인다.
- 동사 「～ない」에서 ない를 빼고 ないほうがいい를 붙인다.

する 하다	→ し ~~た~~ + たほうがいい 하는 편이 좋다	
	し ~~ない~~ + ないほうがいい 하지 않는 편이 좋다	
くる 오다	→ き ~~た~~ + たほうがいい 하는 편이 좋다	
	こ ~~ない~~ + ないほうがいい 하지 않는 편이 좋다	
たべる 먹다	→ たべ ~~た~~ + たほうがいい 먹는 편이 좋다	
	たべ ~~ない~~ + ないほうがいい 먹지 않는 편이 좋다	
のむ 마시다	→ のん ~~だ~~ + だほうがいい 마시는 편이 좋다	
	のま ~~ない~~ + ないほうがいい 마시지 않는 편이 좋다	

2 의미

- 상대방에게 조언할 때 쓴다.
- 「～たほうがいい」는 '~(하)는 편이 좋다'라고 해석된다. 긍정적으로 조언할 때 쓴다.
- 「～ないほうがいい」는 '~(하)지 않는 편이 좋다'라고 해석된다. 상대방에게 어떤 행위를 하지 말라고 조언할 때 쓴다.

해석을 보고 제시된 동사에 ～たほうがいい를 접속하여 히라가나로 써 봅시다.

運動する 운동하다	少しは _____ よ。 運動する편이 좋아
予約する 예약하다	人気のお店だから _____ よ。 예약하는 편이 좋아
休む 쉬다	少し _____ よ。 쉬는 편이 좋아요
聞く 듣다, 묻다	アドバイスは _____ よ。 듣는 편이 좋아요
やめる 그만두다, 끊다	タバコは _____ よ。 끊는 편이 좋아요
食べる 먹다	野菜も _____ よ。 먹는 편이 좋아요
寝る 자다	今日は早く _____ よ。 자는 편이 좋아요

새 단어

人気 인기   アドバイス 조언

・少しは運動したほうがいいよ。

조금은 운동하는 편이 좋아.

・人気のお店だから予約したほうがいいよ。

인기 있는 가게니까 예약하는 편이 좋아.

・少し休んだほうがいいですよ。

조금 쉬는 편이 좋아요.

・アドバイスは聞いたほうがいいですよ。

조언은 듣는 편이 좋아요.

・タバコはやめたほうがいいですよ。

담배는 끊는 편이 좋아요.

・野菜も食べたほうがいいですよ。

채소도 먹는 편이 좋아요.

・今日は早く寝たほうがいいですよ。

오늘은 빨리 자는 편이 좋아요.

| 来る
く
오다 | 君は _____。
きみ
<small>오지 않는 편이 좋다</small> |

| あきらめる
포기하다, 단념하다 | まだ _____ よ。
<small>포기하지 않는 편이 좋습니다</small> |

| 行く
い
가다 | 一人では _____ よ。
ひとり
<small>가지 않는 편이 좋습니다</small> |

| 登る
のぼ
(산에) 오르다 | 雨なので山には _____
あめ　　　　やま
<small>오르지 않는 편이 좋습니다</small>
____ よ。 |

| 借りる
か
빌리다 | お金はできるだけ _____。
かね
<small>빌리지 않는 편이 좋다</small> |

| 知る
し
알다 | _____ こともある。
<small>알지 않는 편이 좋다</small> |

| 連絡する
れんらく
연락하다 | 彼には _____ と
かれ
<small>연락하지 않는 편이 좋아</small>
思うよ。
おも |

새 단어

| 山 산 | お金 돈 | できるだけ 가능한 한 |
| 思う 생각하다 | | |

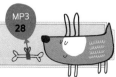
또박또박 세 번씩 읽고 예쁘게 따라 써 봅시다.

・君は来ない方がいい。

너는 오지 않는 편이 좋아.

○

・まだあきらめない方がいいですよ。

아직 포기하지 않는 편이 좋습니다.

○

・一人では行かない方がいいですよ。

혼자서는 가지 않는 편이 좋아요.

○

・雨なので山には登らない方がいいですよ。

비가 오기 때문에 산에는 오르지 않는 편이 좋겠어요.

○

・お金はできるだけ借りない方がいい。

돈은 가능한 한 빌리지 않는 편이 좋다.

○

・知らない方がいいこともある。

모르는 편이 좋은 일도 있다.

○

・彼には連絡しない方がいいと思うよ。

그에게는 연락하지 않는 편이 좋다고 생각해.

○

117

〜ながら 〜(하)면서

1 만들기

동사 「〜ます」에서 ます를 빼고 ながら를 붙인다.

する 하다	→	し ~~ます~~ + ながら 하면서
くる 오다	→	き ~~ます~~ + ながら 오면서
たべる 먹다	→	たべ ~~ます~~ + ながら 먹으면서
のむ 마시다	→	のみ ~~ます~~ + ながら 마시면서

2 의미

• 주로 '〜(하)면서'라고 해석된다.
• 동시 동작을 나타낸다.

楽しむ
즐기다

_____ 勉強しましょう。
즐기면서

歩く
걷다

_____ タバコを吸ってはいけません。
걸으면서

する
하다

好きなことを _____ お金を稼ぎたい。
하면서

見る
보다

レシピを _____ 作りました。
보면서

調べる
조사하다

単語の意味を _____ 日本語の小説を
조사하면서

読んでいます。

する
하다

仕事を _____ 学校に通うのは大変だ。
하면서

聞く
듣다, 묻다

いつも音楽を _____ 運動している。
들으면서

 새 단어

好きだ 좋아하다	稼ぐ 벌다	レシピ 레시피, 조리법
意味 의미, 뜻	小説 소설	通う 다니다
いつも 항상, 늘	音楽 음악	

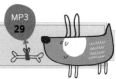

또박또박 세 번씩 읽고 예쁘게 따라 써 봅시다.

・楽しみながら勉強しましょう。
즐기면서 공부합시다.

_____ 。

・歩きながらタバコを吸ってはいけません。
걸으면서 담배를 피우면 안됩니다.

_____ 。

・好きなことをしながらお金を稼ぎたい。
좋아하는 일을 하면서 돈을 벌고 싶다.

_____ 。

・レシピを見ながら作りました。
레시피를 보면서 만들었습니다.

_____ 。

・単語の意味を調べながら日本語の小説を読んでいます。
단어 뜻을 찾으면서 일본어 소설을 읽고 있습니다.

_____ 。

・仕事をしながら学校に通うのは大変だ。
일을 하면서 학교에 다니는 것은 힘들다.

_____ 。

・いつも音楽を聞きながら運動している。
항상 음악을 들으면서 운동한다.

_____ 。

～てから ~(하)고 나서

1 만들기

동사 「～て」에서 て를 빼고 てから를 접속하다.

する 하다	→ し ~~て~~ + てから 하고 나서	
くる 오다	→ き ~~て~~ + てから 오고 나서	
たべる 먹다	→ たべ ~~て~~ + てから 먹고 나서	
のむ 마시다	→ のん ~~で~~ + でから 마시고 나서	

2 의미

· 주로 '～(하)고 나서'라고 해석된다.
· '～(하)고'라는 의미로 쓸 수 있는 동사 「～て」에 비해 동작의 순서를 더 강조한다.

해석을 보고 제시된 동사에 ~てから를 접속하여 히라가나로 써 봅시다.

勉強する 공부하다	もう少し ＿＿＿＿＿＿＿＿ 帰ります。 공부하고 나서
住む 살다	ここに ＿＿＿＿＿＿＿＿ いいことばかりだ。 살고 나서
吸う (담배를) 피우다	ちょっとタバコを ＿＿＿＿＿＿＿＿ 行きますね。 피우고 나서
起きる 일어나다	＿＿＿＿＿＿＿＿ まだ何も食べていない。 일어나고 나서
浴びる (샤워를) 하다	シャワーを ＿＿＿＿＿＿＿＿ 寝ようと思う。 하고 나서
乗る 타다	タクシーに ＿＿＿＿＿＿＿＿ 財布がないことに 타고 나서 気づいた。
来る 오다	日本に ＿＿＿＿＿＿＿＿ まだ一度も韓国に帰って 오고 나서 いません。

 새 단어

何も 아무것도　　　　　タクシー 택시　　　　　財布 지갑

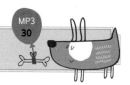

또박또박 세 번씩 읽고 예쁘게 따라 써 봅시다.

- もう少し勉強してから帰ります。
  조금 더 공부하고 나서 집에 갈 거예요.

  _____ 。

- ここに住んでからいいことばかりだ。
  여기에 산 뒤부터 좋은 일만 있다.

  _____ 。

- ちょっとタバコを吸ってから行きますね。
  잠깐 담배를 피우고 나서 갈게요.

  _____ 。

- 起きてからまだ何も食べていない。
  일어나서 아직 아무것도 먹지 않았다.

  _____ 。

- シャワーを浴びてから寝ようと思う。
  샤워를 하고 나서 자려고 한다.

  TIP 「~ようと思う」는 자신의 의향을 말할 때 쓴다. <p.178 참고>

  _____ 。

- タクシーに乗ってから財布がないことに気づいた。
  택시를 타고 나서 지갑이 없는 것을 알아챘다.

  _____ 。

- 日本に来てからまだ一度も韓国に帰っていません。
  일본에 오고 나서 아직 한 번도 한국에 돌아가지 않았습니다.

  _____ 。

123

～たり～たり
~(하)거나 ~(하)거나, ~(하)기도 하고 ~(하)기도 하고

1 만들기

- 동사 「～た」에서 た를 빼고 たり를 붙여서 동사 두 개를 나열한다.
- 동사를 하나만 쓸 때도 있는데, 그때는 다른 행위나 상태가 더 있음을 암시한다.

する 하다	→ し <del>た</del> ＋ たり 하거나, 하기도 하고
くる 오다	→ き <del>た</del> ＋ たり 오거나, 오기도 하고
たべる 먹다	→ たべ <del>た</del> ＋ たり 먹거나, 먹기도 하고
のむ 마시다	→ のん <del>だ</del> ＋ だり 마시거나, 마시기도 하고

2 의미

- 두 동사를 연달아 사용하여 동작이나 상태를 나열한다.
- 대립되는 동사를 나열하여 동작이나 상태의 반복을 나타내기도 한다. 우리말과 반대의 순서로 쓰이는 경우가 많다.

  行ったり来たり 왔다 갔다

  雨が降ったり止んだり 비가 내렸다 그쳤다

 새 단어

忙しい 바쁘다	休日 휴일	家 집, 우리집
映画 영화	寿司 초밥	温泉 온천
プレゼント 선물	デート 데이트	毎朝 매일 아침
サプリ 영양제, 보충제		

해석을 보고 제시된 동사에 ～たり～たり를 접속하여 히라가나로 써 봅시다.

行く 가다 来る 오다	仕事で日本と韓国を ＿＿＿＿＿＿ ＿＿＿＿＿＿ して 〈오거나〉 〈가거나〉 います。
泣く 울다 笑う 웃다	彼女は ＿＿＿＿＿＿ ＿＿＿＿＿＿ 忙しい。 〈울다가〉 〈웃다가〉
作る 만들다 見る 보다	休日は家で料理を ＿＿＿＿＿＿ 映画を 〈만들거나〉 〈보거나〉 します。
運動する 운동하다 する 하다	昨日はジムで ＿＿＿＿＿＿ 部屋の掃除を 〈운동하거나〉 ＿＿＿＿＿＿ した。 〈하거나〉
食べる 먹다 入る 들어가(오)다	日本に行ったら寿司を ＿＿＿＿＿＿ 温泉に 〈먹거나〉 〈들어가거나〉 したい。
買う 사다 予約する 예약하다	プレゼントを ＿＿＿＿＿＿ レストランを 〈사거나〉 〈예약하거나〉 ＿＿＿＿＿＿ 、デートの準備は大変だ。
走る 뛰다, 달리다 飲む (약을) 먹다	健康のために毎朝 ＿＿＿＿＿＿ サプリを 〈뛰거나〉 〈먹거나〉 しています。

125

・仕事で日本と韓国を行ったり来たりしています。
일 때문에 한국과 일본을 왔다 갔다 합니다.

・彼女は泣いたり笑ったり忙しい。
그녀는 웃다가 우느라 바쁘다.

・休日は家で料理を作ったり映画を見たりします。
휴일에는 집에서 요리를 만들기도 하고 영화를 보기도 합니다.

・昨日はジムで運動したり部屋の掃除をしたりした。
어제는 체육관에서 운동하기도 하고 방 청소를 하기도 했다.

・日本に行ったら寿司を食べたり温泉に入ったりしたい。
일본에 가면 초밥을 먹거나 온천에 들어가거나 하고 싶다.

・プレゼントを買ったりレストランを予約したり、デートの準備
は大変だ。 선물을 사기도 하고 레스토랑을 예약하기도 하고 데이트 준비는 힘들다.

・健康のために毎朝走ったりサプリを飲んだりしています。
건강을 위해 매일 아침 뛰기도 하고 영양제를 먹기도 하고 있습니다.

～たところ ~(한) 참

1 만들기

동사「～た」에서 た를 빼고 たところ를 붙인다.

た에 붙는 ところ는 명사이므로, 명사처럼 활용하면 된다.

する 하다	→ し た̶ ＋ たところ 한 참
くる 오다	→ き た̶ ＋ たところ 온 참
たべる 먹다	→ たべ た̶ ＋ たところ 먹은 참
のむ 마시다	→ のん た̶ ＋ だところ 마신 참

2 의미

• 주로 '～(한) 참'이라고 해석된다.

• 어떤 동작이 막 끝났음을 나타낸다.

乗る 타다	今、バスに _____ だ。 탄 참
着く 도착하다	今、駅に _____ です。 도착한 참
終わる 끝나다	ちょうど仕事が _____ だ。 끝난 참
起きる 일어나다	今、_____ です。 일어난 참
出かける 외출하다	母はさっき _____ です。 외출한 참
帰って来る (집에) 돌아오다	私も今、_____ です。 (집에) 돌아온 참
掃除する 청소하다	ちょうど _____ だ。 청소한 참

새 단어

バス 버스	駅 역	さっき 아까, 조금 전
ちょうど 방금, 막		

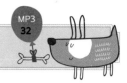

· 今、バスに乗ったところだ。

지금 버스에 탄 참이다.

_____ 。

· 今、駅に着いたところです。

지금 역에 도착한 참이다.

_____ 。

· ちょうど仕事が終わったところだ。

막 일이 끝난 참이다.

_____ 。

· 今、起きたところです。

지금 일어난 참입니다.

_____ 。

· 母はさっき出かけたところです。

엄마는 방금 외출한 참입니다.

_____ 。

· 私も今、帰ってきたところです。

나는 지금 (집에) 돌아온 참입니다.

_____ 。

· ちょうど掃除したところだ。

막 청소한 참이다.

_____ 。

〜たまま ~(한) 채

학습일

1 만들기

동사 「〜た」에서 た를 빼고 たまま를 붙인다.

た에 붙는 **まま**는 명사이므로, 명사처럼 활용하면 된다.

する 하다	→	し ~~た~~ + たまま 한 채
くる 오다	→	き ~~た~~ + たまま 온 채
たべる 먹다	→	たべ ~~た~~ + たまま 먹은 채
のむ 마시다	→	のん ~~だ~~ + だまま 마신 채

2 의미

- '〜(한) 채'라는 뜻으로 쓰인다.
- 어떤 상태가 변화없이 지속됨을 나타낸다.

買う
사다

日本語の本を ＿＿＿＿＿＿＿＿ 、まだ読んでいない。
산 채

履く
신다

靴を ＿＿＿＿＿＿＿＿ 、中に入らないでください。
신은 채

置く
두다, 놓다

鍵を車の中に ＿＿＿＿＿＿＿＿ 、ドアを閉めて
둔 채

しまった。

着る
입다

コートは ＿＿＿＿＿＿ で大丈夫です。
입은 채

開ける
열다

窓を ＿＿＿＿＿＿ 出かけてしまった。
연 채

借りる
빌리다

友だちから傘を ＿＿＿＿＿＿ 、まだ返していない。
빌린 채

する
하다

メイクを ＿＿＿＿＿ 寝てしまった。
한 채

▲ **새 단어**

本 책	**靴** 신발, 구두	**鍵** 열쇠
車 자동차	**コート** 코트	**大丈夫だ** 괜찮다
傘 우산	**返す** 돌려주다	

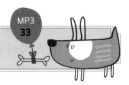

・日本語の本を買ったまま、まだ読んでいない。
일본어 책을 산 채로 아직 읽지 않은 상태이다.

・靴を履いたまま、中に入らないでください。
신발을 신은 채 안에 들어가지 마세요.

・鍵を車の中に置いたまま、ドアを閉めてしまった。
열쇠를 차 안에 둔 채 문을 닫아 버렸다.

・コートは着たままで大丈夫です。
코트는 입은 채로 괜찮습니다.

・窓を開けたまま出かけてしまった。
창문을 연 채 외출해 버렸다.

・友だちから傘を借りたまま、まだ返していない。
친구에게 우산을 빌린 채 아직 돌려주지 않은 상태이다.

・メイクをしたまま寝てしまった。
화장을 한 채 자 버렸다.

～ていく ～(하)고 가다, ～(해)지다

1 만들기

동사 「‥～て」에시 て를 빼고 ていく를 붙인디.

する 하다 → し <s>て</s> + ていく 해 가다

たべる 먹다 → たべ <s>て</s> + ていく 먹고 가다

のむ 마시다 → のん <s>で</s> + でいく 마시고 가다

2 의미

• 주로 '～(하)고 가다, ～(해)지다'라고 해석된다.

• 우리말과 쓰임새가 매우 비슷하며, 이동 혹은 변화 등을 나타낸다.

持つ
들다, 가지다

買い物に行く時は、必ずエコバッグを ＿＿＿＿＿＿＿＿＿＿。
가지고 간다

続ける
계속하다

N1に合格しても、日本語の勉強を ＿＿＿＿＿＿＿＿＿
계속해 가다

＿＿ つもりだ。

歩く
걷다

駅まで ＿＿＿＿＿＿＿＿＿＿＿＿＿。
걸어 갑니다

増える
늘어나다, 증가하다

これからもこの町の人口は ＿＿＿＿＿＿＿＿＿＿ でしょう。
증가해 가다

出る
나가(오)다

今すぐ ＿＿＿＿＿＿＿ ください。
나가

TIP いく를 ～て로 활용하자.

買う
사다

お土産に一つ ＿＿＿＿＿＿＿＿＿＿＿。
사 갑시다

TIP いく를 제안할 때 쓰는 ～ましょう로 활용하자.

経験する
경험하다

いろんなことを ＿＿＿＿＿＿＿＿＿＿＿＿＿＿。
경험해 가고 싶다

TIP いく를 희망할 때 쓰는 ～たい로 활용하자.

▲ **새 단어**

買い物 쇼핑, 장보기　　　**エコバッグ** 에코백　　　**合格** 합격
町 마을　　　**人口** 인구　　　**お土産** 기념품, 여행 선물
いろんな 여러 가지

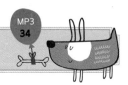

・買い物に行く時は、必ずエコバッグを持っていく。

쇼핑하러 갈 때는 반드시 에코백을 가지고 간다.

_____。

・N1に合格しても、日本語の勉強を続けていくつもりだ。

N1에 합격해도 일본어 공부를 계속해 갈 작정이다.

_____。

・駅まで歩いていきます。

역까지 걸어 갑니다.

_____。

・これからもこの町の人口は増えていくでしょう。

앞으로도 이 마을의 인구는 늘어나겠지요.

_____。

・今すぐ出ていってください。

지금 곧 나가 주세요.

_____。

・お土産に一つ買っていきましょう。

기념품으로 하나 사 갑시다.

_____。

・いろんなことを経験していきたい。

여러 가지 일을 경험해 가고 싶다.

_____。

～てくる ～(하고 오다, ～(해)지다

1 만들기

동사 「～て」에서 て를 빼고 てくる를 붙인다.

する 하다	→ し~~て~~ + てくる 해 오다
たべる 먹다	→ たべ~~て~~ + てくる 먹고 오다
のむ 마시다	→ のん~~て~~ + でくる 마시고 오다

2 의미

- 주로 '～(하)고 오다, ～(해)지다'라고 해석된다.
- 우리말과 쓰임새가 매우 비슷하며, 이동 혹은 변화 등을 나타낸다.

해석을 보고 제시된 동사에 ~てくる를 접속하여 히라가나로 써 봅시다.

| 走る
はし
뛰다, 달리다 | ここまで ＿＿＿＿＿＿＿＿＿＿＿＿＿＿ 。
뛰어 왔습니다 |

| 引っ越す
ひ こ
이사하다 | 昨日、＿＿＿＿＿＿＿＿＿＿＿＿＿ 。
きのう
이사해 왔습니다 |

| 帰る
かえ
(집에) 돌아가다 | 父は明日、出張から ＿＿＿＿＿＿＿ 。
ちち あした しゅっちょう
돌아 온다 |

| 増える
ふ
늘어나다, 증가하다 | 韓国で働く外国人が ＿＿＿＿＿＿ 。
かんこく はたら がいこくじん
증가해 왔다 |

| 借りる
か
빌리다 | 図書館から日本の小説を ＿＿＿＿＿＿＿ 。
と しょかん に ほん しょうせつ
빌려 왔습니다 |

| する
하다 | 宿題は ＿＿＿＿＿＿＿＿＿＿ か。
しゅくだい
해 왔습니다 |

| 慣れる
な
익숙해지다 | 日本の生活にもだいぶ ＿＿＿＿＿＿ 。
に ほん せいかつ
익숙해져 왔습니다 |

새 단어

父 아빠, 아버지　　　　出張 출장　　　　生活 생활
だいぶ 꽤, 제법

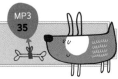
또박또박 세 번씩 읽고 예쁘게 따라 써 봅시다.

・ここまで走^{はし}ってきました。

여기까지 뛰어 왔습니다.

_____。

・昨日^{きのう}、引^ひっ越^こしてきました。

어제 이사해 왔습니다.

_____。

・父^{ちち}は明日^{あした}、出張^{しゅっちょう}から帰^{かえ}ってくる。

아빠는 내일 출장에서 돌아온다.

_____。

・韓国^{かんこく}で働^{はたら}く外国人^{がいこくじん}が増^ふえてきた。

한국에서 일하는 외국인이 늘어났다.

_____。

・図書館^{としょかん}から日本^{にほん}の小説^{しょうせつ}を借^かりてきました。

도서관에서 일본 소설을 빌려 왔습니다.

_____。

・宿題^{しゅくだい}はしてきましたか。

숙제는 해 왔습니까?

_____。

・日本^{にほん}の生活^{せいかつ}にもだいぶ慣^なれてきました。

일본 생활에도 꽤 익숙해졌습니다.

_____。

〜ておく ～(해) 두다, ～(해) 놓다

1 만들기

동사 「〜て」에서 て를 빼고 ておく를 붙인다.

회화에서는 줄여서 「〜とく」의 형태로 말하기도 한다.

する 하다	→	し ~~て~~ + ておく 해 두다
たべる 먹다	→	たべ ~~て~~ + ておく 먹어 두다
のむ 마시다	→	のん ~~で~~ + でおく 마셔 두다

2 의미

• 주로 '～(해) 두다, ～(해) 놓다'라고 해석된다.

• 동작의 결과를 남겨 두거나 어떤 일을 예상하여 준비할 때 쓴다.

제시된 동사에 ~ておく를 접속하여 해석에 맞게 히라가나로 써 봅시다.

| 飲む
마시다 | お酒を飲む前にこのドリンクを ＿＿＿＿＿ と
마셔 두다

いいですよ。 |

| 置く
놓다, 두다 | 本はここに ＿＿＿＿＿ ね。
놔 둡니다 |

| 作る
만들다 | お弁当は昨日の夜に ＿＿＿＿＿ 。
만들어 두었다 |

| 入れる
넣다 | カバンの中に ＿＿＿＿＿ はずの財布がない。
넣어 두었다 |

| 予約する
예약하다 | お店はもう ＿＿＿＿＿ 。
예약해 두었습니다 |

| 伝える
전하다, 전달하다 | 彼には私から ＿＿＿＿＿ ね。
전해 두겠습니다 |

| 調べる
조사하다 | わからない漢字は ＿＿＿＿＿ 。
조사해 두자 |

TIP おく를 의지를 나타내는 ~よう로 활용하자..

 새 단어

| ドリンク 드링크, 음료수 | お弁当 도시락 | 夜 밤 |
| カバン 가방 | はず ~(할) 리, ~(할) 터 | |

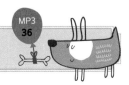

・お酒を飲む前にこのドリンクを飲んでおくといいですよ。

술을 마시기 전에 이 드링크를 마셔 두면 좋아요.

_____。

・本はここに置いておきますね。

책은 여기에 놔 둘게요.

_____。

・お弁当は昨日の夜に作っておいた。

도시락은 어젯밤에 만들어 두었다.

_____。

・カバンの中に入れておいたはずの財布がない。

가방 안에 넣어 두었을 터인 지갑이 없다.

_____。

・お店はもう予約しておきました。

가게는 이미 예약해 두었습니다.

_____。

・彼には私から伝えておきますね。

그에게는 내가 전해 두겠습니다.

_____。

・わからない漢字は調べておこう。

모르는 한자는 조사해 두자.

_____。

〜てしまう ~(해) 버리다

1 만들기

동사 「〜て」에서 て를 빼고 てしまう를 붙인다.

회화에서는 줄여서 「〜ちゃう」의 형태로 말하기도 한다.

する 하다	→	し <del>て</del> + てしまう 해 버리다
くる 오다	→	き <del>て</del> + てしまう 와 버리다
たべる 먹다	→	たべ <del>て</del> + てしまう 먹어 버리다
のむ 마시다	→	のん <del>て</del> + でしまう 마셔 버리다

2 의미

• 주로 '〜(해) 버리다'라고 해석된다.

• 어떠한 동작이나 상태가 끝났다는 것을 강조할 때 쓰는 표현이다.
  완료된 상태에 난처한 감정이 섞여 있는 경우도 있다.

緊張する
긴장하다

_____。
긴장해 버렸습니다

ひく
(감기에) 걸리다

風邪を _____。
걸려 버렸습니다

負ける
지다

試合に _____。
져 버렸다

置いてくる
두고 오다

会社に傘を _____。
두고 와 버렸다

来る
오다

急がないと先生が _____ よ。
와 버립니다

食べる
먹다

とてもおいしくて、全部一人で _____
먹어 버렸습니다
_____。

なる
되다

連絡が遅く _____、すみません。
되어 버려

🐾 **TIP** 동사를 ～ます로 만들고, ます를 빼면 중지형으로도 쓸 수 있다.

새 단어

風邪 감기	**遅い** 늦다	**すみません** 미안합니다, 죄송합니다

143

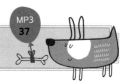

또박또박 세 번씩 읽고 예쁘게 따라 써 봅시다.

· 緊張してしまいました。
긴장해 버렸습니다.

＿＿＿＿＿＿＿＿＿＿＿＿＿＿＿＿＿＿＿。

· 風邪をひいてしまいました。
감기에 걸려 버렸습니다.

＿＿＿＿＿＿＿＿＿＿＿＿＿＿＿＿＿＿＿。

· 試合に負けてしまった。
시합에 져 버렸다.

＿＿＿＿＿＿＿＿＿＿＿＿＿＿＿＿＿＿＿。

· 会社に傘を置いてきてしまった。
회사에 우산을 두고 와 버렸다.

＿＿＿＿＿＿＿＿＿＿＿＿＿＿＿＿＿＿＿。

· 急がないと先生が来てしまいますよ。
서두르지 않으면 선생님이 와 버릴 거예요.

＿＿＿＿＿＿＿＿＿＿＿＿＿＿＿＿＿＿＿。

· とてもおいしくて、全部一人で食べてしまいました。
너무 맛있어서 전부 혼자서 먹어 버렸습니다.

＿＿＿＿＿＿＿＿＿＿＿＿＿＿＿＿＿＿＿。

· 連絡が遅くなってしまい、すみません。
연락이 늦어져서 미안합니다.

＿＿＿＿＿＿＿＿＿＿＿＿＿＿＿＿＿＿＿。

〜てみる ~(해) 보다

1 만들기

동사 「〜て」에서 て를 빼고 てみる를 붙인다.

する 하다	→	し <s>て</s> + てみる 해 보다
くる 오다	→	き <s>て</s> + てみる 와 보다
たべる 먹다	→	たべ <s>て</s> + てみる 먹어 보다
のむ 마시다	→	のん <s>で</s> + でみる 마셔 보다

2 의미

· 우리말로 해석하면 '〜해 보다'이다.
· 어떤 동작을 시험 삼아 해 본다는 의미가 담겨 있다.

제시된 동사에 ~てみる를 접속하여 해석에 맞게 히라가나로 써 봅시다.

着る
き
입다

このコート、＿＿＿＿＿＿＿＿＿＿ いいですか。
　　　　　　입어 봐도

TIP みる를 ~ても로 활용하자.

食べる
た
먹다

北海道で ＿＿＿＿＿＿＿＿＿ ものは何かありますか。
ほっかいどう 　먹어 보고 싶다 　　　　なに

TIP みる를 희망할 때 쓰는
~たい로 활용하자.

する
하다

世界一周旅行を ＿＿＿＿＿＿＿＿＿。
せ かいいっしゅうりょこう 　해 보고 싶다

乗る
の
타다

一生に一度はファーストクラスに ＿＿＿＿＿＿＿＿＿。
いっしょう　いち ど 　　　　　　　　　　타 보고 싶다

飲む
の
마시다

一度、＿＿＿＿＿＿ ください。
いち ど 　마셔 봐

入る
はい
들어가(오)다

このお店、ちょっと ＿＿＿＿＿＿＿＿＿＿＿。
　　みせ 　　　　들어가 보지 않겠습니까?

TIP みる를 제안할 때 쓰는 ~ませんか로 활용하자.

見る
み
보다

この映画、とてもおもしろかったのでぜひ ＿＿＿＿＿＿＿。
えい が 　　　　　　　　　　　　　　　　봐 봐

TIP ~てみる를 ~て로 만들자. ~てください에서
ください가 생략된 ~て는 가볍게 권유하는 표현으로 쓰인다.

 새 단어

北海道 홋카이도　　　おもしろい 재미있다　　　ぜひ 꼭
世界一周旅行 세계 일주 여행　　一生 평생　　ファーストクラス 퍼스트클래스

146

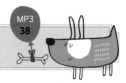

또박또박 세 번씩 읽고 예쁘게 따라 써 봅시다.

・このコート、着てみてもいいですか。

이 코트 입어 봐도 됩니까?

・北海道で食べてみたいものは何かありますか。

홋카이도에서 먹어 보고 싶은 것은 뭔가 있습니까?

・世界一周旅行をしてみたい。

세계 일주 여행을 해 보고 싶다.

・一生に一度はファーストクラスに乗ってみたい。

평생에 한 번은 퍼스트클래스를 타 보고 싶다.

・一度、飲んでみてください。

한 번 마셔 봐 주세요.

・このお店、ちょっと入ってみませんか。

이 가게 잠깐 들어가 보지 않겠습니까?

・この映画、とてもおもしろかったのでぜひ見てみて。

이 영화 무척 재미있었으니까 꼭 봐 봐.

～てあげる (내가 남에게) ~(해) 주다

1 만들기

동사 「～て」에서 て를 빼고 てあげる를 붙인다.

> くる 오다 → し <s>て</s> + てあげる 해 주다
>
> たべる 먹다 → たべ <s>て</s> + てあげる 먹어 주다
>
> のむ 마시다 → のん <s>て</s> + であげる 마셔 주다

2 의미

- '~(해) 주다'라는 뜻의 수수표현이다.
- 말하는 사람이나 제삼자가 또다른 제삼자에게 어떠한 동작이나 행위를 해줄 때 사용한다.
- '(남이 나에게) 무엇인가를 해줄 때' 사용하는 **てくれる**와 잘 구별해야 한다.

해석을 보고 제시된 동사에 ~てあげる를 접속하여 히라가나로 써 봅시다.

| 読む
읽다 | 子どもに絵本を ＿＿＿＿＿＿＿＿＿＿＿。
읽어 준다 |

| 買う
사다 | ほしい物は何でも ＿＿＿＿＿＿＿＿＿＿ よ。
사 준다 |

| 飲む
마시다 | お酒が飲めないなら、代わりに ＿＿＿＿＿＿＿＿＿＿
마셔 줍니다
＿＿＿ よ。 |

| 教える
가르치다 | 外国人に道を ＿＿＿＿＿＿＿＿＿＿。
가르쳐 주었다 |

| 紹介する
소개하다 | キムさんに日本語の先生を ＿＿＿＿＿＿＿＿＿＿
소개해 주었습니다
＿＿＿＿＿＿。 |

| 食べる
먹다 | 全部食べられないなら ＿＿＿＿＿＿＿＿＿＿。
먹어 줄까? |

TIP あげる를 ~ようか로 활용하자.

| 送る
보내다, 배웅하다 | 駅まで ＿＿＿＿＿＿＿＿＿＿。
배웅해 줄까? |

 새 단어

絵本 그림책　　　　　　ほしい 갖고 싶다

149

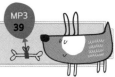

MP3
39

- 子どもに絵本を読んであげる。
  아이에게 그림책을 읽어 준다.

  _____。

- ほしい物は何でも買ってあげるよ。
  원하는 것은 무엇이든 사 줄게.

  _____。

- お酒が飲めないなら、代わりに飲んであげますよ。
  술을 못 마신다면 대신 마셔 줄게요.

  _____。

- 外国人に道を教えてあげた。
  외국인에게 길을 가르쳐 주었다.

  _____。

- キムさんに日本語の先生を紹介してあげました。
  김 씨에게 일본어 선생님을 소개해 주었습니다.

  _____。

- 全部食べられないなら食べてあげようか。
  전부 먹지 못하는 거라면 먹어 줄까?

  _____。

- 駅まで送ってあげようか。
  역까지 배웅해 줄까?

  _____。

～てくれる (남이 나에게) ~(해) 주다

1 만들기

동사 「～て」에서 て를 빼고 てくれる를 붙인다.

する 하다	→ し ~~て~~ + てくれる	해 주다
くる 오다	→ き ~~て~~ + てくれる	와 주다
たべる 먹다	→ たべ ~~て~~ + てくれる	먹어 주다
のむ 마시다	→ のん ~~て~~ + でくれる	마셔 주다

2 의미

· '～(해) 주다'라는 뜻의 수수표현이다.
· 상대방이나 제삼자가 말하는 사람에게 어떠한 동작이나 행위를 해줄 때 사용한다.
· '(내가 남에게) 무엇인가를 해줄 때' 사용하는 てあげる와 잘 구별해야 한다.

手伝う
돕다

彼が ＿＿＿＿＿＿＿＿＿＿＿＿＿＿＿ 。
　　　　도와 주었습니다

聞く
듣다, 묻다

話を ＿＿＿＿＿＿＿＿＿＿＿ ありがとう。
　　　들어 줘서

着る
입다

プレゼントした服を彼が ＿＿＿＿＿＿＿＿＿＿ 。
　　　　　　　　　　입어 주었습니다

見せる
보이다

家族の写真を ＿＿＿＿＿＿＿ 。
　　　　　　보여 주었다

買ってくる
사 오다

スーパーで卵 ＿＿＿＿＿＿＿＿＿＿＿ ？
　　　　　　사 와 주다

心配する
걱정하다

彼女はいつも私のことを ＿＿＿＿＿＿＿
　　　　　　　　　　　걱정해 줍니다
＿＿＿＿ 。

言う
말하다

どうして ＿＿＿＿＿＿＿＿＿＿＿ んですか。
　　　　말해 주지 않았다

 새 단어

服 옷　　　　　　　スーパー 슈퍼　　　　　　卵 달걀, 계란
どうして 왜

152

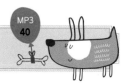

또박또박 세 번씩 읽고 예쁘게 따라 써 봅시다.

· 彼が手伝ってくれました。
그가 도와 주었습니다.

°

· 話を聞いてくれてありがとう。
이야기를 들어 줘서 고마워.

°

· プレゼントした服を彼が着てくれました。
선물한 옷을 그가 입어 주었습니다.

°

· 家族の写真を見せてくれた。
가족 사진을 보여 주었다.

°

· スーパーで卵買ってきてくれる？
슈퍼에서 달걀 사 와 줄래?

°

· 彼女はいつも私のことを心配してくれます。
그녀는 항상 나에 대해서 걱정해 줍니다.

°

· どうして言ってくれなかったんですか。
왜 말해 주지 않았습니까?

TIP 동사 기본형 뒤에 ~ん입니다를 붙이면 강조하는 표현이 된다.

°

～てもらう (남이) ~(해) 주는 것을 (내가) 받다

1 만들기

동사「～て」에서 て를 빼고 てもらう를 붙인다.

する 하다	→	し て̶ + てもらう
くる 오다	→	き て̶ + てもらう
たべる 먹다	→	たべ て̶ + てもらう
のむ 마시다	→	のん て̶ + でもらう

2 의미

나를 주어로 삼아 상대방이나 제삼자가 내게 어떠한 동작이나 행위를 해 주었음을 나타낸다.

TIP 私は田中さんに大阪を案内してもらいました。
田中さんは私に大阪を案内してくれました。

두 문장 다 '다나카 씨는 내게 도쿄를 안내해 주었습니다'라는 의미이다.

해석을 보고 제시된 동사에 ～てもらう를 접속하여 히라가나로 써 봅시다.

撮る
(사진을) 찍다

店員さんに写真を ＿＿＿＿＿＿＿＿＿＿＿＿＿＿＿＿＿＿＿＿＿。
　　　　　　　　　　찍어 주었습니다

買う
사다

父に車を ＿＿＿＿＿＿＿＿＿＿＿＿＿＿＿＿。
　　　　　　산 것을 받았다

貸す
빌려주다

ペンを忘れて、隣の人に ＿＿＿＿＿＿＿＿＿＿＿＿＿＿＿。
　　　　　　　　　　　　　빌려 주었다

助ける
돕다, 구조하다

だれかに ＿＿＿＿＿＿＿＿＿＿＿＿＿＿＿ ことは
　　　　　　도움을 받았다

ありますか。

届ける
가져다 주다, 신고하다

母に忘れ物を ＿＿＿＿＿＿＿＿＿＿＿＿＿。
　　　　　　　　　가져다 주었다

来る
오다

学校まで迎えに ＿＿＿＿＿＿＿＿＿＿＿＿＿。
　　　　　　　　　와 주었습니다

案内する
안내하다

日本人の友だちに東京を ＿＿＿＿＿＿＿＿＿＿＿＿
　　　　　　　　　　　　　안내를 받다

＿ 予定です。

새 단어

店員 점원	ペン 펜	隣 옆
人 사람	だれか 누군가	迎える 맞이하다
予定 예정		

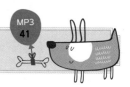

・店員さんに写真を撮ってもらいました。

점원이 (내) 사진을 찍어 주었습니다.

_____。

・父に車を買ってもらった。

아빠가 차를 사 주었다.

_____。

・ペンを忘れて、隣の人に貸してもらった。

펜을 잃어버려서 옆사람에게 빌렸다.

_____。

・だれかに助けてもらったことはありますか。

누군가에게 도움을 받은 적은 있습니까?

_____。

・母に忘れ物を届けてもらった。

엄마가 (집에) 깜박 두고 온 물건을 가져다 주었다.

_____。

・学校まで迎えに来てもらいました。

학교까지 마중을 나와 주었습니다.

_____。

・日本人の友だちに東京を案内してもらう予定です。

일본인 친구에게 도쿄 안내를 받을 예정입니다.

_____。

~終^おわる 다 ~(하)다, ~을/를 마치다

1 만들기

동사「~ます」에서 ます를 빼고 おわる를 붙인다.

> する 하다 → し <s>ます</s> + おわる 다 하다
>
> たべる 먹다 → たべ <s>ます</s> + おわる 다 먹다
>
> のむ 마시다 → のみ <s>ます</s> + おわる 다 마시다

2 의미

- 동사에 **おわる**를 붙이면 '다 ~(하)다, ~을/를 마치다' 등으로 해석할 수 있다.
- **おわる**에 접속하는 동사는 대개 타동사이다.

話す
はな
이야기하다

_____ まで待ってください。
다 이야기하다

書く
か
쓰다

レポートを _____ まで寝られない。
다 쓰다

食べる
た
먹다

もう _____ んですか。
다 먹었다

飲む
の
마시다

_____ カップはここに置いてください。
다 마셨다

見る
み
보다

韓国ドラマは長いので _____ まで時間が
かんこく   なが   다 보다   じ かん

かかる。

使う
つか
사용하다

パソコンを _____ 教えて
다 사용하면   おし

ください。

TIP おわる를 조건을 나타내는 ~たら로 활용하자.

読む
よ
읽다

その本、 _____ 貸してください。
   ほん   다 읽으면   か

 새 단어

| カップ 컵 | 韓国ドラマ 한국 드라마 | 長い 길다 |
| かかる 걸리다 | パソコン 컴퓨터 | |

・話し終わるまで待ってください。
이야기가 끝날 때까지 기다려 주세요.

・レポートを書き終わるまで寝られない。
리포트를 다 쓸 때까지 잘 수 없다.

・もう食べ終わったんですか。
벌써 다 먹었습니까?

・飲み終わったカップはここに置いてください。
다 마신 컵은 여기에 놔 주세요.

・韓国ドラマは長いので見終わるまで時間がかかる。
한국 드라마는 길어서 다 보기까지 시간이 걸린다.

・パソコンを使い終わったら教えてください。
컴퓨터를 다 사용하면 알려 주세요.

・その本、読み終わったら貸してください。
그 책 다 읽으면 빌려 주세요.

〜すぎる 지나치게 ～(하)다

1 만들기

동사 「〜ます」에서 ます를 빼고 すぎる를 붙인다.

する 하다　→　し ~~ます~~ + すぎる 지나치게 하다

たべる 먹다　→　たべ ~~ます~~ + すぎる 지나치게 먹다, 과식하다

のむ 마시다　→　のみ ~~ます~~ + すぎる 지나치게 마시다, 과음하다

2 의미

- 동사에 **すぎる**를 붙이면 '지나치게 ～(하)다' 등으로 해석할 수 있다.
- 정도가 지나쳐서 좋지 않은 느낌이 들어 있다.

해석을 보고 제시된 동사에 ～すぎる를 접속하여 히라가나로 써 봅시다.

飲む の 마시다	昨日の夜は〔きのう〕〔よる〕 ＿＿＿＿＿＿＿＿。 지나치게 마셨습니다
歌う うた 노래하다	カラオケで ＿＿＿＿＿＿＿＿、声が出ません。〔こえ〕〔で〕 지나치게 노래해서
ある (식물·사물 등이) 있다	人気が〔にんき〕 ＿＿＿＿＿＿＿＿ 大変です。〔たいへん〕 너무 많이 있어서
やせる 살이 빠지다	そのモデルは ＿＿＿＿＿＿＿＿ いる。 너무 살이 빠져
緊張する きんちょう 긴장하다	＿＿＿＿＿＿＿＿ お腹がいたい。〔なか〕 심하게 긴장해서
我慢する がまん 참다	＿＿＿＿＿＿＿＿ もう疲れました。〔つか〕 너무 참아서
考える かんが 생각하다	それはちょっと ＿＿＿＿＿＿＿＿ ですよ。 과한 생각

TIP 동사를 「～ます」로 만들고 ます를 뺀 형태는 명사로 쓰이기도 한다.

 새 단어

カラオケ 노래방	**声** 목소리	**お腹** 배
いたい 아프다		

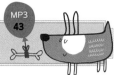

・昨日の夜は飲みすぎました。

어젯밤에는 과음했어요.

_____。

・カラオケで歌いすぎて、声が出ません。

노래방에서 노래를 너무 많이 불러서 목소리가 안 나와요.

_____。

・人気がありすぎて大変です。

인기가 너무 많아서 힘듭니다.

_____。

・そのモデルはやせすぎている。

그 모델은 너무 말랐다.

_____。

・緊張しすぎてお腹がいたい。

심하게 긴장해서 배가 아프다.

_____。

・我慢しすぎてもう疲れました。

너무 참아서 이미 지쳤습니다.

_____。

・それはちょっと考えすぎですよ。

그건 좀 억측이에요.

_____。

～始める _{はじ} ～(하)기 시작하다

1 만들기

동사 「～ます」에서 ます를 빼고 はじめる를 붙인다.

> する 하다 → し <s>ます</s> ＋ はじめる 하기 시작하다
>
> たべる 먹다 → たべ <s>ます</s> ＋ はじめる 먹기 시작하다
>
> のむ 마시다 → のみ <s>ます</s> ＋ はじめる 마시기 시작하다

2 의미

- 주로 '～(하)기 시작하다'로 해석된다.
- 어떠한 상황이나 동작의 시작을 나타낸다.

해석을 보고 제시된 동사에 ～はじめる를 접속하여 히라가나로 써 봅시다.

動く 움직이다	ようやく電車が ＿＿＿＿＿＿＿＿＿＿＿＿＿＿＿＿。 움직이기 시작했다
通う 다니다	先週からジムに ＿＿＿＿＿＿＿＿＿＿＿＿。 다니기 시작했습니다
飼う 기르다, 키우다	最近、猫を ＿＿＿＿＿＿＿＿＿＿＿＿。 키우기 시작했습니다
降る (눈·비 등이) 내리다	雪が ＿＿＿＿＿＿＿＿＿＿。 내리기 시작했습니다
食べる 먹다	このお菓子は ＿＿＿＿＿＿＿＿と止まらない。 먹기 시작하다
増える 늘어나다, 증가하다	インフルエンザにかかる人が ＿＿＿＿＿＿＿＿ 늘기 시작하고 있다 ＿＿＿＿＿。
勉強する 공부하다	息子はやっと ＿＿＿＿＿＿＿＿＿＿＿＿＿＿。 공부하기 시작했습니다

새 단어

ようやく 간신히, 겨우	電車 전차, 전철	先週 지난주
最近 최근, 요즘	猫 고양이	お菓子 과자
インフルエンザ 인플루엔자	息子 아들	やっと 드디어

또박또박 세 번씩 읽고 예쁘게 따라 써 봅시다.

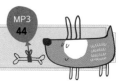

・ようやく電車が動き始めた。

간신히 전철이 움직이기 시작했다.

_____。

・先週からジムに通い始めました。

지난주부터 체육관에 다니기 시작했습니다.

_____。

・最近、猫を飼い始めました。

최근에 고양이를 키우기 시작했습니다.

_____。

・雪が降り始めました。

눈이 내리기 시작했습니다.

_____。

・このお菓子は食べ始めると止まらない。

이 과자는 먹기 시작하면 멈추지 않는다.

_____。

・インフルエンザにかかる人が増え始めている。

인플루엔자에 걸린 사람이 늘기 시작하고 있다.

_____。

・息子はやっとべんきょうし始めました。

아들은 겨우 공부하기 시작했습니다.

_____。

～出す <small>だ</small> (갑자기) ~(하)기 시작하다

1 만들기

동사 「～ます」에서 **ます**를 빼고 **だす**를 붙인다.

する <small>하다</small>	→	し ~~ます~~ + だす <small>하기 시작하다</small>
たべる <small>먹다</small>	→	たべ ~~ます~~ + だす <small>먹기 시작하다</small>
なく <small>울다</small>	→	なき ~~ます~~ + だす <small>울기 시작하다</small>

2 의미

• 주로 '~(하)기 시작하다'로 해석된다.

• 어떠한 상황이나 동작이 '갑작스럽게' 시작된다는 느낌을 준다. '갑자기'라는 뜻인 **急に**, **突然** 등의 부사와 같이 쓰이는 경우가 많다.

降る ふ (눈·비 등이) 내리다	突然、雨が _____。 내리기 시작했습니다
笑う わら 웃다	泣いていた彼女が急に _____。 웃기 시작했습니다
走る はし 달리다	車が突然 _____。 달리기 시작했다
怒る おこ 화를 내다	急に _____ びっくりした。 화내기 시작해서
けんかする 싸우다	隣のカップルが急に _____ 驚いた。 싸우기 시작해서
泣く な 울다	急に _____、どうしたの？ 울기 시작하고
片付ける かた づ 치우다, 정돈하다	急に _____、お客さんでも来るの？ 치우기 시작하고

TIP だすを 조건을 나타내는 ～たら로 활용하자.

새 단어

突然 갑자기	**急に** 갑자기	**びっくりする** 깜짝 놀라다
カップル 커플	**驚く** 놀라다	**どう** 어떻게
お客さん 손님		

167

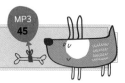

또박또박 세 번씩 읽고 예쁘게 따라 써 봅시다.

・突然、雨が降り出しました。
갑자기 비가 내리기 시작했습니다.

_____。

・泣いていた彼女が急に笑い出しました。
울고 있던 그녀가 갑자기 웃기 시작했습니다.

_____。

・車が突然走り出した。
자동차가 갑자기 달리기 시작했다.

_____。

・急に怒り出してびっくりした。
갑자기 화내기 시작해서 놀랐다.

_____。

・隣のカップルが急にけんかし出して驚いた。
옆 커플이 갑자기 싸우기 시작해서 놀랐다.

_____。

・急に泣き出して、どうしたの？
갑자기 울기 시작하고 무슨 일 있어?

_____。

・急に片付け出して、お客さんでも来るの？
갑자기 치우기 시작하고, 손님이라도 와?

_____。

~続ける 계속해서 ~(하)다

^{つづ}

1 만들기

동사「~ます」에서 ます를 빼고 つづける를 붙인다.

> する _{하다} → し ~~ます~~ + つづける _{계속해서 하다}
>
> たべる _{먹다} → たべ ~~ます~~ + つづける _{계속 먹다}
>
> のむ _{마시다} → のみ ~~ます~~ + つづける _{계속 마시다}

2 의미

· 주로 '계속해서 ~(하)다'로 해석된다.

· 어떤 동작이나 상황이 계속됨을 나타낸다.

해석을 보고 제시된 동사에 ~つづける를 접속하여 히라가나로 써 봅시다.

減る へ 줄다	日本の人口は ＿＿＿＿＿＿ いる。 にほん じんこう 계속 줄고
使う つか 사용하다	10年間も同じカバンを ＿＿＿＿＿＿ ねんかん おな 계속 사용하고 います。
待つ ま 기다리다	彼からの連絡を ＿＿＿＿＿＿ いる。 かれ れんらく 계속 기다리고
増える ふ 늘다	外国人観光客は毎年 ＿＿＿＿＿＿ いる。 がいこくじんかんこうきゃく まいとし 계속 늘고
食べる た 먹다	彼女はまだ ＿＿＿＿＿＿ います。 かのじょ 계속 먹고
かける 걸다	朝から電話を ＿＿＿＿＿＿ いるが、 あさ でんわ 계속 걸고 全然繋がらない。 ぜんぜんつな
する 하다	帰国しても日本語を勉強を ＿＿＿＿＿＿ です。 きこく にほんご べんきょう 계속해서 하고 싶다

 새 단어

| 観光客 관광객 | 毎年 매년 | 電話 전화 |
| ～が ～(하)지만 | 繋がる 연결되다 | 帰国 귀국 |

또박또박 세 번씩 읽고 예쁘게 따라 써 봅시다.

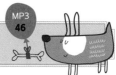

・日本の人口は減り続けている。

일본 인구는 계속 줄고 있다.

_____ 。

・10年間も同じカバンを使い続けています。

10년 동안이나 같은 가방을 계속 사용하고 있습니다.

_____ 。

・彼からの連絡を待ち続けている。

그의 연락을 계속 기다리고 있다.

_____ 。

・外国人観光客は毎年増え続けている。

외국인 관광객은 매년 계속 늘고 있다.

_____ 。

・彼女はまだ食べ続けています。

그녀는 아직 계속 먹는 중입니다.

_____ 。

・朝から電話をかけ続けているが、全然繋がらない。

TIP 접속조사인 ~が는
'~(하)지만'이라는 의미로 역접을 나타낸다.

아침부터 계속 전화를 걸고 있지만 전혀 연결되지 않는다.

_____ 。

・帰国しても日本語を勉強をし続けたいです。

귀국해도 일본어 공부를 계속 하고 싶습니다.

_____ 。

～そうだ ～(할) 것 같다 [양태]

1 만들기

동사 「～ます」에서 ます를 빼고 そうだ를 붙인다.

そうだ는 な형용사처럼 활용하면 된다.

단, 부정형으로 만들 경우에는 だ를 빼고 にない를 붙인다.

전문을 나타내는 そうだ(p.175)와 잘 구별해야 한다.

する _{하다} →	し ~~ます~~ + そうだ _{할 것 같다}
	しそうな _{할 것 같은}
	しそうにない _{할 것 같지 않다.}
たべる _{먹다} →	たべ ~~ます~~ + そうだ _{먹을 것 같다}
	たべそうな _{먹을 것 같은}
	たべそうにない _{먹을 것 같지 않다}
ふる _{내리다} →	ふり ~~ます~~ + そうだ _{내릴 것 같다}
	ふりそうな _{내릴 것 같은}
	ふりそうにない _{내릴 것 같지 않다}

2 의미

• 주로 '～(할) 것 같다'라고 해석된다.

• 어떤 상황이나 상태에 대한 불확실한 판단을 나타낸다.

　대개 시각적인 정보를 바탕으로 한 주관적인 판단이다.

終わる お 끝나다	もう少しで仕事が ＿＿＿＿＿＿＿＿＿＿。 すこ　　しごと 끝날 것 같다
降る ふ (비가) 내리다	今夜は雨が ＿＿＿＿＿＿＿＿。 こんや　あめ 내릴 것 같습니다
泣く な 울다	彼女は ＿＿＿＿＿＿ 顔をしている。 かのじょ　　　　　　かお 울 것 같은
足りる た 충분하다	これだけあれば ＿＿＿＿＿＿＿＿。 충분한 것 같습니다
やめられる 그만둘 수 있다	タバコは ＿＿＿＿＿＿＿＿＿＿ か。 그만둘 수 있을 것 같습니다
出発する しゅっぱつ 출발하다	もうすぐバスが ＿＿＿＿＿＿＿＿＿＿。 출발할 것 같습니다
忘れる わす 잊다	＿＿＿＿＿＿ ので、明日もう一度連絡して あした　　いちどれんらく 잊을 것 같은 **TIP** 뒤에 접속조사 ので가 올 때는 そうだ를 そうな로 활용하자. ください。

새 단어

もう一度 다시 한번

173

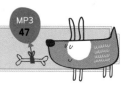

또박또박 세 번씩 읽고 예쁘게 따라 써 봅시다.

・もう少しで仕事が終わりそうだ。

조금만 더 하면 일이 끝날 것 같다.

_____。

・今夜は雨が降りそうです。

오늘밤에는 비가 내릴 것 같습니다.

_____。

・彼女は泣きそうな顔をしている。

그녀는 울 것 같은 얼굴을 하고 있다.

_____。

・これだけあれば足りそうです。

이것만 있으면 충분한 것 같습니다.

_____。

・タバコはやめられそうですか。

담배는 끊을 수 있을 것 같습니까?

_____。

・もうすぐバスが出発しそうです。

금방 버스가 출발할 것 같습니다.

_____。

・忘れそうなので、明日もう一度連絡してください。

잊을 것 같으니 내일 다시 한번 연락해 주세요.

_____。

학습일
/

～そうだ ～(하)다고 한다 [전문]

1 만들기

동사 보통체형에 そうだ를 붙인다.
양태를 나타내는 そうだ(p.172)와 잘 구별해야 한다.

する 하다	→	する + そうだ 하다고 한다
たべる 먹다	→	たべる + そうだ 먹는다고 한다
のむ 마시다	→	のむ + そうだ 마신다고 한다

2 의미

다른 곳에서 얻은 정보를 다른 사람에게 전할 때 사용한다.

해석을 보고 제시된 동사에 ～そうだ를 접속하여 히라가나로 써 봅시다.

ある 있다	このアイドルは日本^{に ほん}で人気^{にん き}が _____。 있다고 한다
働^{はたら}く 일하다	キムさんは卒業^{そつぎょう}したら大阪^{おおさか}で _____ 일한다고 합니다 _____。
来^くる 오다	飲^のみ会^{かい}には部長^{ぶ ちょう}も _____。 온다고 합니다
やめる 그만두다	鈴木^{すず き}さんは今月末^{こんげつまつ}で会社^{かいしゃ}を _____。 그만둔다고 합니다
晴^はれる 맑다, 개이다	天気予報^{てん き よ ほう}によると明日^{あした}は _____。 맑다고 합니다
付^つき合^あっている 사귀고 있다	あの二人^{ふたり}は _____。 사귀고 있다고 합니다
プロポーズする 프러포즈하다	鈴木^{すず き}さんは昨日^{きのう}、彼女^{かのじょ}に _____ 프러포즈했다고 한다 _____。

 새 단어

大阪 오사카
今月末 이번 달 말

飲み会 회식, 술자리
天気予報 일기예보

部長 부장(님)
～によると ～에 따르면

176

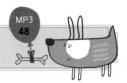

또박또박 세 번씩 읽고 예쁘게 따라 써 봅시다.

・このアイドルは日本で人気があるそうだ。

이 아이돌은 일본에서 인기가 있다고 한다.

＿＿＿＿＿＿＿＿＿＿＿＿＿＿＿＿＿＿＿＿＿＿＿＿＿＿＿＿。

・キムさんは卒業したら大阪で働くそうです。

김 씨는 졸업하면 오사카에서 일한다고 합니다.

＿＿＿＿＿＿＿＿＿＿＿＿＿＿＿＿＿＿＿＿＿＿＿＿＿＿＿＿。

・飲み会には部長も来るそうです。

회식에는 부장님도 온다고 합니다.

＿＿＿＿＿＿＿＿＿＿＿＿＿＿＿＿＿＿＿＿＿＿＿＿＿＿＿＿。

・鈴木さんは今月末で会社をやめるそうです。

스즈키 씨는 이번 달 말로 회사를 그만둔다고 합니다.

＿＿＿＿＿＿＿＿＿＿＿＿＿＿＿＿＿＿＿＿＿＿＿＿＿＿＿＿。

・天気予報によると明日は晴れるそうです。

일기예보에 의하면 내일은 맑다고 합니다.

＿＿＿＿＿＿＿＿＿＿＿＿＿＿＿＿＿＿＿＿＿＿＿＿＿＿＿＿。

・あの二人は付き合っているそうです。

저 두 사람은 사귀는 중이라고 합니다.

＿＿＿＿＿＿＿＿＿＿＿＿＿＿＿＿＿＿＿＿＿＿＿＿＿＿＿＿。

・鈴木さんは昨日、彼女にプロポーズしたそうだ。

스즈키 씨는 어제 여자친구에게 프러포즈했다고 한다.

＿＿＿＿＿＿＿＿＿＿＿＿＿＿＿＿＿＿＿＿＿＿＿＿＿＿＿＿。

～ようと思^{おも}う ~(하)려고 생각한다

1 만들기

의지를 나타내는 동사「～よう」에서 よう를 빼고 ようとおもう를 붙인다.

する 하다	→ し <s>よう</s> + ようとおもう 하려고 생각한다
たべる 먹다	→ たべ <s>よう</s> + ようとおもう 먹으려고 생각한다
のむ 마시다	→ の <s>もう</s> + もうとおもう 마시려고 생각한다

2 의미

• 주로 '～(하)려고 생각한다'라고 해석된다.
• 자신의 의향을 말할 때 쓰인다.

帰る
(집에) 돌아가다

疲れたので今日は早く ＿＿＿＿＿＿＿＿＿＿＿＿＿＿。
집에 돌아가려고 생각한다

売る
팔다

あまり使わないのでこのパソコンを ＿＿＿＿＿＿＿＿
팔려고 생각한다

＿＿＿＿。

起きる
일어나다

明日の朝は7時に ＿＿＿＿＿＿＿＿＿＿＿＿＿。
일어나려고 생각한다

来る
오다

来年またここに ＿＿＿＿＿＿＿＿＿＿。
오려고 생각한다

ダイエットする
다이어트하다

明日から ＿＿＿＿＿＿＿＿＿＿＿＿＿＿
다이어트하려고 생각합니다

＿＿＿。

食べる
먹다

いっしょに ＿＿＿＿＿＿＿＿＿＿＿、
먹으려고 생각해서

待っていました。

切る
자르다

髪を短く ＿＿＿＿＿＿＿＿＿＿＿＿。
자르려고 생각합니다

▲ **새 단어**

あまり 그다지, 별로	**朝** 아침	**7時** 일곱 시
来年 내년	**髪** 머리카락	**短い** 짧다

179

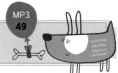

・疲れたので今日は早く帰ろうと思う。

피곤해서 오늘은 일찍 집에 돌아가려고 생각한다.

・あまり使わないのでこのパソコンを売ろうと思う。

별로 사용하지 않기 때문에 이 컴퓨터를 팔려고 생각한다.

・明日の朝は７時に起きようと思う。

내일 아침은 일곱 시에 일어나려고 생각한다.

・来年またここに来ようと思う。

내년에 또 여기에 오려고 생각한다.

・明日からダイエットしようと思います。

내일부터 다이어트하려고 생각합니다.

・いっしょに食べようと思って、待っていました。

함께 먹으려고 기다리고 있었습니다.

・髪を短く切ろうと思います。

머리카락을 짧게 자르려고 생각합니다.

～ようと思っている
～(하)려고 생각하고 있다

1 만들기

의지를 나타내는 동사 「～よう」에서 よう를 빼고 ようとおもっている를 붙인다.

する 하다	→	し ~~よう~~ + ようとおもっている	하려고 생각하고 있다
たべる 먹다	→	たべ ~~よう~~ + ようとおもっている	먹으려고 생각하고 있다
のむ 마시다	→	の ~~もう~~ + もうとおもっている	마시려고 생각하고 있다

2 의미

· 주로 '～(하)려고 생각하고 있다'라고 해석된다.
· 자신의 의향뿐만 아니라 제삼자의 생각에 대해서도 사용할 수 있다.

なる
되다

^{そつぎょう}卒業したら^{に ほん ご}日本語の^{せんせい}先生に ＿＿＿＿＿＿＿
되려고 생각하고 있다

＿＿＿＿。

^た貯める
모으다

^{あに}兄は^{りゅうがく}留学するためにお^{かね}金を ＿＿＿＿＿＿＿
모으려고 생각하고 있다

＿＿＿＿＿＿。

^い行く
가다

^{なつやす}夏休みは^{ほっかいどう}北海道に ＿＿＿＿＿＿＿
가려고 생각하고 있습니다

＿＿＿＿。

あげる
주다

^{かのじょ}彼女の^{たんじょう び}誕生日にネックレスを ＿＿＿＿＿＿＿
주려고 생각하고 있습니다

＿＿＿＿＿＿。

^{うんどう}運動する
운동하다

^{いっしゅうかん}一週間に^{いっかい}一回は ＿＿＿＿＿＿＿
운동하려고 생각하고 있습니다

＿＿＿＿。

^{ねが}お願いする
부탁하다

この^{し ごと}仕事は^{さ とう}佐藤さんに ＿＿＿＿＿＿＿
부탁하려고 생각하고 있다

＿＿＿＿＿＿。

^{はし}走る
뛰다, 달리다

^{まいあさ}毎朝 ＿＿＿＿＿＿＿＿＿＿＿が、
달리려고 생각하고 있다

なかなか^{むずか}難しい。

▲ **새 단어**

兄 오빠, 형	夏休み 여름휴가, 여름 방학	誕生日 생일
ネックレス 목걸이	一週間 일주일 동안	一回 1회, 한 번

또박또박 세 번씩 읽고 예쁘게 따라 써 봅시다.

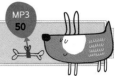

· 卒業したら日本語の先生になろうと思っている。

졸업하면 일본어 선생이 되려고 생각하고 있다.

_____。

· 兄は留学するためにお金を貯めようと思っている。

오빠는 유학하기 위해 돈을 모으려고 생각하고 있다.

_____。

· 夏休みは北海道に行こうと思っています。

여름휴가에는 홋카이도에 가려고 생각하고 있습니다.

_____。

· 彼女の誕生日にネックレスをあげようと思っています。

여자친구 생일에 목걸이를 주려고 생각하고 있습니다.

_____。

· 一週間に一回は運動しようと思っています。

일주일에 한 번은 운동하려고 생각하고 있습니다.

_____。

· この仕事は佐藤さんにお願いしようと思っている。

이 일은 사토 씨에게 부탁하려고 생각하고 있다.

_____。

· 毎朝走ろうと思っているが、なかなか難しい。

매일 아침 달리려고 생각하고 있지만 좀처럼 어렵다.

_____。

～ようとする ~(하)려고 한다

1 만들기

의지를 나타내는 동사 「～よう」에서 よう를 빼고 ようとする를 붙인다.

する 하다 → し ~~よう~~ + ようとする 하려고 한다

たべる 먹다 → たべ ~~よう~~ + ようとする 먹으려고 한다

のむ 마시다 → の ~~もう~~ + もうとする 마시려고 한다

2 의미

- 주로 '～(하)려고 한다'라고 해석된다.
- 자신의 의지를 행동으로 옮기려는 적극적인 상태를 나타낸다.

聞く
듣다, 묻다

彼女の連絡先を ＿＿＿＿＿＿＿＿＿＿ が、
물으려고 했다

教えてくれなかった。

忘れる
잊다

彼のことを ＿＿＿＿＿＿＿＿＿＿ 、
잊으려고 해도

忘れられません。

TIP する를 ～ても로 활용하자.

やめる
끊다, 그만두다

＿＿＿＿＿＿＿＿＿ なかなかやめられないこと
끊으려고 해도

はありますか。

帰る
(집에) 돌아가다

＿＿＿＿＿＿＿＿＿、部長に仕事を頼まれて
(집에) 돌아가려고 하니

しまいました。

TIP する를 ～たら로 활용하자.

出かける
외출하다

＿＿＿＿＿＿＿＿＿ 雨が降ってきた。
외출하려고 하니

予約する
예약하다

＿＿＿＿＿＿＿＿＿ 満席だった。
예약하려고 하니

入る
들어가(오)다

お風呂に ＿＿＿＿＿＿＿＿＿ 電話がかかって
들어가려고 하니

きました。

▲ 새 단어

連絡先 연락처
満席 만석

くれる (남이 나에게) 주다
お風呂 목욕, 욕실

頼む 부탁하다, 의뢰하다

185

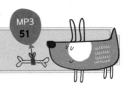

또박또박 세 번씩 읽고 예쁘게 따라 써 봅시다.

・彼女の連絡先を聞こうとしたが、教えてくれなかった。

그녀의 연락처를 물으려고 했지만 가르쳐주지 않았다.

_____。

・彼のことを忘れようとしても忘れられません。

그를 잊으려고 해도 잊을 수 없습니다.

_____。

・やめようとしてもなかなかやめられないことはありますか。

끊으려고 해도 좀처럼 끊을 수 없는 것은 있습니까?

_____。

・帰ろうとしたら、部長に仕事を頼まれてしまいました。

집에 돌아가려고 하니 부장님에게 일을 부탁 받아 버렸습니다.

_____。

・出かけようとしたら雨が降ってきた。

외출하려고 하니 비가 내렸다.

_____。

・予約しようとしたら満席だった。

예약하려고 하니 만석이었다.

_____。

・お風呂に入ろうとしたら電話がかかってきました。

목욕을 하려고 하니 전화가 걸려 왔습니다.

_____。

～みたいだ ~(할) 것 같다

1 만들기

동사 보통체형에 「～みたいだ」를 붙인다.

する 하다	→	する + みたいだ 할 것 같다
たべる 먹다	→	たべる + みたいだ 먹을 것 같다
のむ 마시다	→	のむ + みたいだ 마실 것 같다

2 의미

• 주로 '～(할) 것 같다'라고 해석된다.

• 주관적으로 판단하여 추측할 때 쓰는 표현이다.

• 격식을 따지지 않는 자리에서 회화를 할 때 많이 쓰는 표현이며, だ를 생략하고 쓰기도 한다.

見ている
(꿈을) 꾸고 있다

まるで夢を _____。
　　　　　　　　꾸고 있는 것 같다

寝ている
자고 있다

妹 はまだ _____。
　　　　　　자고 있는 것 같다

けんかする
싸우다

佐藤さんは昨日、彼氏と _____
　　　　　　　　　　　　　싸운 것 같다
_____。

TIP みたいだ 앞에 오는 する를 과거형 「~た」로 활용해서 연습하자.

太る
살이 찌다

最近、スカートが入らなくて _____
　　　　　　　　　　　　　살이 찐 것 같다
_____。

置いてくる
두고 오다

ケータイをカフェに _____。
　　　　　　　　두고 온 것 같다

届けてくれる
신고해 주다

だれかが財布を _____
　　　　　　　　신고해 준 것 같습니다
_____。

踏む
밟다

何かを _____。
　　　　밟은 것 같습니다

 새 단어

まるで 마치　　　　　　**夢** 꿈　　　　　　　　**彼氏** 남자친구
妹 여동생　　　　　　**カフェ** 카페　　　　　**スカート** 스커트, 치마

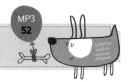

또박또박 세 번씩 읽고 예쁘게 따라 써 봅시다.

・まるで夢を見ているみたいだ。
마치 꿈을 꾸고 있는 것 같다.

_____ 。

・妹はまだ寝ているみたいだ。
여동생은 아직 자고 있는 것 같다.

_____ 。

・佐藤さんは昨日、彼氏とけんかしたみたいだ。
사토 씨는 어제 남자친구와 싸운 것 같다.

_____ 。

・最近、スカートが入らなくて太ったみたいだ。
요즘 치마가 들어가지 않아서 살이 찐 것 같다.

_____ 。

・ケータイをカフェに置いてきたみたいだ。
휴대전화를 카페에 두고 온 것 같다.

_____ 。

・だれかが財布を届けてくれたみたいです。
누군가가 지갑을 신고해 준 것 같습니다.

_____ 。

・何かを踏んだみたいです。
뭔가를 밟은 것 같습니다.

_____ 。

～らしい ～(한)다고 한다

1 만들기

동사 보통체형에 「～らしい」를 붙인다.

する 하다	→	する + らしい 한다고 한다	
たべる 먹다	→	たべる + らしい 먹는다고 한다	
のむ 마시다	→	のむ + らしい 마신다고 한다	

2 의미

- 주로 '～(한)다고 한다'라고 해석된다.
- 남에게 들은 이야기를 전할 때 사용하는데, 정보의 출처가 분명하지 않은 경우가 많다.
- 본서에서는 '전문'의 의미로 쓰이는 「～らしい」만 연습하지만, 「～らしい」는 객관적인 근거를 토대로 추측할 때도 쓸 수 있다.

来る
く
오다

パーティーには松井さんも ＿＿＿＿＿＿＿＿＿＿＿。
まつ い
온다고 한다

やめる
그만두다

鈴木さんは病院を ＿＿＿＿＿＿＿＿＿＿＿ ですよ。
すず き　　　　びょういん
그만둔다고 한다

結婚する
けっこん
결혼하다

木村さんはもうすぐ ＿＿＿＿＿＿＿＿＿＿＿。
き むら
결혼한다고 한다

寒くなる
さむ
추워지다

今年の冬はかなり ＿＿＿＿＿＿＿＿＿＿＿。
ことし　ふゆ
추워진다고 한다

負ける
ま
지다

今日の試合はジャイアンツが ＿＿＿＿＿＿＿＿＿＿＿。
きょう　し あい
졌다고 한다

減っている
へ
줄고 있다

海外に留学する若者が ＿＿＿＿＿＿＿＿＿＿＿。
かいがい　りゅうがく　わかもの
줄고 있다고 한다

話せる
はな
말할 수 있다

加藤先生は韓国語が ＿＿＿＿＿＿＿＿＿＿＿。
か とうせんせい　かんこく ご
말할 수 있다고 한다

새 단어

パーティー 파티	病院 병원	冬 겨울
韓国語 한국어		

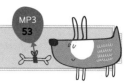

・パーティーには松井さんも来るらしい。

파티에는 마쓰이 씨도 온다고 한다.

_____。

・鈴木さんは病院をやめるらしいですよ。

스즈키 씨는 병원을 그만둔대요.

_____。

・木村さんはもうすぐ結婚するらしい。

기무라 씨는 곧 결혼한대.

_____。

・今年の冬はかなり寒くなるらしいよ。

올겨울은 꽤 추워질 거래.

_____。

・今日の試合はジャイアンツが負けたらしい。

오늘 시합은 자이언츠가 졌대.

_____。

・海外に留学する若者が減っているらしいです。

해외로 유학하는 젊은이가 줄고 있대요.

_____。

・加藤先生は韓国語が話せるらしい。

가토 선생님은 한국어를 말할 수 있대.

_____。

～ば～ほど ～(하)면 ～(할)수록

1 만들기

먼저 동사를 「～ば」로 만든다. 그러고 나서 동사 사전형과 ほど를 연이어 쓴다.

する 하다	→ すれば 하면	+ するほど 할수록
たべる 먹다	→ たべれば 먹으면	+ たべるほど 먹을수록
のむ 마시다	→ のめば 마시면	+ のむほど 마실수록

2 의미

- 주로 '～(하)면 ～(할)수록'이라고 해석된다.
- 행위의 정도가 강해짐을 나타낸다.

考える 생각하다	생각하면 생각할수록 ——————————— わからなくなります。
噛む 씹다	———————— 味が出る。 씹으면 씹을수록
ほめる 칭찬하다	子どもは伸びる。 ——————— 칭찬하면 칭찬할수록
する 하다	練習 ———————— 上手になります。 하면 할수록
知る 알다	彼女のことが好きになって ———— 알면 알수록 いった。
飲む 마시다	お酒を ———————— 強くなるというのは 마시면 마실수록 本当ですか。
する 하다	運動 ———————— 体が丈夫になる。 하면 할수록

새 단어

味 맛	伸びる 성장하다, 자라다	強い 강하다
本当 정말	体 몸	丈夫だ 튼튼하다

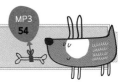
또박또박 세 번씩 읽고 예쁘게 따라 써 봅시다.

1 · 考えれば考えるほどわからなくなります。
2
3 생각하면 생각할수록 모르겠습니다.

_____ 。

1 · 噛めば噛むほど味が出る。
2
3 씹으면 씹을수록 맛이 난다.

_____ 。

1 · ほめればほめるほど子どもは伸びる。
2
3 칭찬하면 칭찬할수록 아이는 성장한다.

_____ 。

1 · 練習すればするほど上手になります。
2
3 연습하면 할수록 능숙해집니다.

_____ 。

1 · 知れば知るほど彼女のことが好きになっていった。
2
3 알면 알수록 그녀가 좋아졌다.

_____ 。

1 · お酒を飲めば飲むほど強くなるというのは本当ですか。
2
3 술을 마시면 마실수록 강해진다는 것은 정말입니까?

_____ 。

1 · 運動すればするほど体が丈夫になる。
2
3 운동하면 할수록 몸이 튼튼해진다.

_____ 。

～かもしれない ~(할)지도 모른다

1 만들기

동사 보통체형에 「～かもしれない」를 붙인다.

する 하다	→	する＋かもしれない 할지도 모른다
たべる 먹다	→	たべる＋かもしれない 먹을지도 모른다
のむ 마시다	→	のむ＋かもしれない 마실지도 모른다

2 의미

• 주로 '～(할)지도 모른다'라고 해석된다.

• 단순한 추측을 나타낼 때 쓰인다. 말하는 사람의 확신이 강하지 않다.

해석을 보고 제시된 동사에 ～かもしれない를 접속하여 히라가나로 써 봅시다.

怒られる 혼이 나다	父に話したら <u>　　　　　　　　　　　　　　</u>。 혼이 날지도 모른다
来る 오다	明日の試合には両親も <u>　　　　　　　　　</u>。 올지도 모른다
休む 쉬다	具合いが悪いので明日の授業は <u>　　　　　　</u> 쉴지도 모른다 <u>　　　　　</u>。
生まれる 태어나다	赤ちゃんはもうすぐ <u>　　　　　　　　　</u> 태어날지도 모릅니다 <u>　　　　</u>。

> **TIP** しれない의 정중형은 しれません과 しれないです로 나타낼 있는데 여기서는 しれません으로 연습하자.

遅刻する 지각하다	道が混んでいて <u>　　　　　　　　　</u> 지각할지도 모릅니다 <u>　　　</u>。
忘れる 잊다	昔のことなので、もう彼女は <u>　　　　　　</u> 잊었을지도 모른다 <u>　　　　</u>。
知っている 알고 있다	彼なら <u>　　　　　　　　　　　　　</u>。 알고 있을지도 모른다

새 단어

具合い 몸 상태	悪い 나쁘다	授業 수업
混む 혼잡하다		

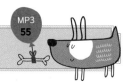

・父に話したら怒られるかもしれない。

아빠한테 말하면 혼이 날지도 모른다.

_____。

・明日の試合には両親も来るかもしれない。

내일 시합에는 부모님도 올지도 모른다.

_____。

・具合いが悪いので明日の授業は休むかもしれない。

몸 상태가 나빠서 내일 수업은 쉴지도 모른다.

_____。

・赤ちゃんはもうすぐ生まれるかもしれません。

아기가 곧 태어날지도 모릅니다.

_____。

・道が混んでいて遅刻するかもしれません。

길이 막혀서 지각할지도 모릅니다.

_____。

・昔のことなので、もう彼女は忘れたかもしれない。

옛날일이라서 그녀는 이미 잊었을지도 모른다.

_____。

・彼なら知っているかもしれない。

그라면 알고 있을지도 모른다.

_____。

〜はずがない ~(할) 리가 없다

1 만들기

동사 보통체형에 **はずがない**를 붙인다.

する 하다	→	**する ＋ はずがない** 할 리가 없다
たべる 먹다	→	**たべる ＋ はずがない** 먹을 리가 없다
のむ 마시다	→	**のむ ＋ はずがない** 마실 리가 없다

2 의미

• 주로 '〜(할) 리가 없다'이라고 해석된다.

• 강하게 부정할 때 쓰인다.

する
하다

彼がそんなことを
할 리가 없다.

忘れる
잊다

彼が約束を
잊을 리가 없다

間に合う
제시간에 맞다

５分しかないのに、
제시간에 맞을 리가 없습니다

。

> **TIP** ない의 정중형은 ありません과 ないです로 나타낼 수 있는데
> 여기서는 ありません으로 연습하자.

つく
(거짓말을) 치다

彼女が嘘を
칠 리가 없습니다

できる
가능하다

子ども一人で
가능할 리가 없습니다

落ちる
떨어지다

こんな簡単な試験に
떨어질 리가 없습니다

。

踊れる
춤출 수 있다

練習もしていないのに、上手に
춤출 수 있을 리가 없다

。

 새 단어

そんな 그런, 그러한	５分 5분	～しか ～밖에
～のに ～(한)데	嘘 거짓말	こんな 이런, 이러한

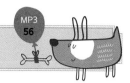
또박또박 세 번씩 읽고 예쁘게 따라 써 봅시다.

・彼がそんなことをするはずがない。
그 사람이 그런 짓을 할 리가 없다.

_____。

・彼が約束を忘れるはずがない。
그가 약속을 잊을 리가 없다.

_____。

・5分しかないのに、間に合うはずがありません。
5분밖에 없는데 제시간에 맞을 리가 없습니다.

TIP 접속조사인 〜のには '〜한데'라는 의미로
역접 확정 조건을 나타낸다.

_____。

・彼女が嘘をつくはずがありません。
그녀가 거짓말을 칠 리가 없습니다

_____。

・子ども一人でできるはずがありません。
아이 혼자서 가능할 리가 없습니다

_____。

・こんな簡単な試験に落ちるはずがありません。
이런 간단한 시험에 떨어질 리가 없습니다

_____。

・練習もしていないのに、上手に踊れるはずがない。
연습도 안했는데 능숙하게 춤출 수 있을 리가 없다

_____。

お(ご)~ください ~(해) 주십시오

1 만들기

- 동사「~ます」에서 ます를 빼고 ください를 붙인다. 동사 앞에는 お를 붙여준다.
- 「한자 명사 + する」의 경우에는 お 대신 ご를 붙여주고, 명사에 바로 ください를 붙인다.

つたえる 전하다	→ お + つたえ ~~ます~~ + ください	전해 주세요
まつ 기다리다	→ お + まち ~~ます~~ + ください	기다려 주세요
さんかする 참석하다	→ ご + さんか ~~します~~ + ください	참석해 주세요

2 의미

- 앞에서 배운 「~てください」(p.56)보다 더 공손한 표현이다.
- 상대방에게 어떠한 동작을 정중하게 요구할 때 사용한다.

해석을 보고 제시된 동사에 お(ご)~ください를 접속하여 히라가나로 써 봅시다.

待つ （ま） 기다리다	少々（しょうしょう） ＿＿＿＿＿＿＿＿＿＿＿＿。 기다려 주세요
飲む （の） 마시다	ご自由（じゆう）に ＿＿＿＿＿＿＿＿＿＿。 마셔 주세요
休む （やす） 쉬다	こちらで ＿＿＿＿＿＿＿＿＿。 쉬세요
伝える （つた） 전하다, 전달하다	ご両親（りょうしん）によろしく ＿＿＿＿＿＿＿＿。 전해 주세요
出かける （で） 외출하다	気（き）をつけて ＿＿＿＿＿＿＿。 외출해 주세요
連絡する （れんらく） 연락하다	いつでも ＿＿＿＿＿＿＿。 연락해 주세요
注意する （ちゅうい） 주의하다	インフルエンザに ＿＿＿＿＿＿＿＿＿＿。 주의해 주세요

새 단어

少々 잠깐, 조금	**ご自由に** 자유롭게	**こちら** 이쪽
ご両親 부모님	**よろしく** 잘	**いつでも** 언제라도

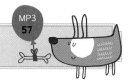

MP3 57

・少々お待ちください。
잠깐 기다려 주세요.

・ご自由にお飲みください。
자유롭게 드세요.

・こちらでお休みください。
이쪽에서 쉬세요.

・ご両親によろしくお伝えください。
부모님께 안부 전해 주세요.

・気をつけてお出かけください。
조심해서 외출하세요.

・いつでもご連絡ください。
언제든 연락해 주세요.

・インフルエンザにご注意ください。
인플루엔자에 주의해 주세요

お(ご)～になる ～(하)시다

1 만들기

- 동사 「～ます」에서 ます를 빼고 になる를 붙인다. 동사 앞에는 お를 붙여준다.
- 「한자 명사 + する」의 경우에는 お 대신 ご를 붙여주고, 명사에 になる를 붙인다.

でかける 외출하다	→	お + でかけ ~~ます~~ + になる 외출하시다
かく 쓰다	→	お + かき ~~ます~~ + になる 쓰시다
りようする 이용하다	→	ご + りよう ~~します~~ + になる 이용하시다

2 의미

- 상대방이나 대화 속에 등장하는 제삼자를 높여서 표현할 때 쓰는 존경어이다.

해석을 보고 제시된 동사에 お(ご)〜になる를 접속하여 히라가나로 써 봅시다.

使う
사용하다

_____ ペンはこちらに
사용하셨다
お戻しください。

帰る
(집에) 돌아가다

社長は _____ 。
　　　　　　(집에) 돌아가셨습니다

並ぶ
줄서다

こちらの列に _____
　　　　　　　　줄을 서셔서서
お待ちください。

待つ
기다리다

_____ 間、こちらの
기다리시고 있다
パンフレットをお読みください。

TIP なる를 〜ている 로 활용하자.

かける
걸다

_____ 電話番号は現在使われて
거셨다
おりません。

忘れる
잊다, 잃다

お客様が _____ 財布を届けに
　　　　　　　　잃으셨다
行きました。

利用する
이용하다

_____ プランをもう一度
이용하시다
ご確認ください。

 새 단어

戻す 되돌리다	社長 사장(님)	列 열, 줄
間 사이, 동안	パンフレット 팸플릿	現在 현재
お客様 손님	プラン 플랜	

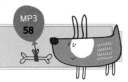

MP3
58

・お使いになったペンはこちらにお戻しください。

사용하신 펜은 이쪽으로 가져다 주세요.

_____。

・社長はお帰りになりました。

사장님은 집에 가셨습니다.

_____。

・こちらの列にお並びになってお待ちください。

이쪽 줄로 서셔서 기다려 주세요.

_____。

・お待ちになっている間、こちらのパンフレットをお読みください。

기다리시는 동안 이 팸플릿을 읽어 주세요.

_____。

・おかけになった電話番号は現在使われておりません。

거신 전화번호는 현재 사용되지 않습니다.

_____。

・お客様がお忘れになった財布を届けに行きました。

손님이 잃어버리신 지갑을 신고하러 갔습니다.

_____。

・ご利用になるプランをもう一度ご確認ください。

이용하실 플랜을 다시 한번 확인해 주세요.

_____。

お(ご)～する ~(하)다

1 만들기

• 동사 「～ます」에서 ます를 빼고 する를 붙인다. 동사 앞에는 お를 붙여준다.

• 「한자 명사 + する」의 경우에는 お 대신 ご를 붙여주고, 명사에 する를 붙인다.

かりる 빌리다	→	お + かり ~~ます~~ + する 빌리다
もつ 들다, 갖다	→	お + もち ~~ます~~ + する 들다
せつめいする 설명하다	→	ご + せつめい ~~します~~ + する 설명하다

2 의미

• 자신의 행동을 낮춤으로써 상대방을 높이는 겸양어이다.

해석을 보고 제시된 동사에 お(ご)~する를 접속하여 히라가나로 써 봅시다.

調べる
조사하다

すぐに ＿＿＿＿＿＿＿＿＿＿＿＿ 。
조사하겠습니다

持つ
들다, 가지다

カバンは私が ＿＿＿＿＿＿＿＿＿ 。
들겠습니다

案内する
안내하다

東京にいらっしゃったら、私が ＿＿＿＿＿＿＿
안내하겠습니다

＿＿＿ よ。

送る
보내다, 배웅하다

昨日 ＿＿＿＿＿＿＿ メールは届いていますか。
보냈다

借りる
빌리다

ペンを ＿＿＿＿＿＿＿ よろしいでしょうか。
빌려도

🐾 TIP する를 ~ても로 활용하자.

相談する
상담하다

ちょっと ＿＿＿＿＿＿＿＿＿ ことがあるので
상담하고 싶다

🐾 TIP する를 ~たい로 활용하자.

すが。

会う
만나다

また来週、 ＿＿＿＿＿＿＿＿＿ 。
만납시다

🐾 TIP する를 ~ましょう로 활용하자.

🔺 **새 단어**

| メール 메일 | 届く 도착하다 | よろしい 좋다 |
| また 또 | 来週 다음주 | |

209

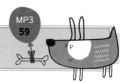

- すぐにお調べします。
  바로 조사하겠습니다.

  　　　　　　　　　　　　　　　　　　　　　　　　　　　　　　　　。

- カバンは私がお持ちします。
  가방은 제가 들겠습니다.

  　　　　　　　　　　　　　　　　　　　　　　　　　　　　　　　　。

- 東京にいらっしゃったら、私がご案内しますよ。
  도쿄에 오시면 제가 안내하겠습니다.

  　　　　　　　　　　　　　　　　　　　　　　　　　　　　　　　　。

- 昨日お送りしたメールは届いていますか。
  어제 보낸 메일은 도착했습니까?

  　　　　　　　　　　　　　　　　　　　　　　　　　　　　　　　　。

- ペンをお借りしてもよろしいでしょうか。
  펜을 빌려도 될까요?

  　　　　　　　　　　　　　　　　　　　　　　　　　　　　　　　　。

- ちょっとご相談したいことがあるのですが。
  잠깐 상담하고 싶은 것이 있는데요.

  　　　　　　　　　　　　　　　　　　　　　　　　　　　　　　　　。

- また来週、お会いしましょう。
  다음주에 또 만납시다.

  　　　　　　　　　　　　　　　　　　　　　　　　　　　　　　　　。

한눈에 보는
동사 기초/초급 활용표

한눈에 보는 단어

한눈에 보는 동사 기초 활용표

사전형	~ます ~(합)니다	~ました ~(했)습니다	~ません ~(하)지 않습니다	~ませんでした ~(하)지 않았습니다	
1그룹					
会う 만나다	会います 만납니다	会いました 만났습니다	会いません 만나지 않습니다	会いませんでした 만나지 않았습니다	
勝つ 이기다	勝ちます 이깁니다	勝ちました 이겼습니다	勝ちません 이기지 않습니다	勝ちませんでした 이기지 않았습니다	
座る 앉다	座ります 앉습니다	座りました 앉았습니다	座りません 앉지 않습니다	座りませんでした 앉지 않았습니다	
死ぬ 죽다	死にます 죽습니다	死にました 죽었습니다	死にません 죽지 않습니다	死にませんでした 죽지 않았습니다	
遊ぶ 놀다	遊びます 놉니다	遊びました 놀았습니다	遊びません 놀지 않습니다	遊びませんでした 놀지 않았습니다	
飲む 마시다	飲みます 마십니다	飲みました 마셨습니다	飲みません 마시지 않습니다	飲みませんでした 마시지 않았습니다	
歩く 걷다	歩きます 걷습니다	歩きました 걸었습니다	歩きません 걷지 않습니다	歩きませんでした 걷지 않았습니다	
急ぐ 서두르다	急ぎます 서두릅니다	急ぎました 서둘렀습니다	急ぎません 서두르지 않습니다	急ぎませんでした 서두르지 않았습니다	
話す 이야기하다	話します 이야기합니다	話しました 이야기했습니다	話しません 이야기하지 않습니다	話しませんでした 이야기하지 않았습니다	
帰る 돌아가다	帰ります 돌아갑니다	帰りました 돌아갔습니다	帰りません 돌아가지 않습니다	帰りませんでした 돌아가지 않았습니다	
2그룹					
見る 보다	見ます 봅니다	見ました 봤습니다	見ません 보지 않습니다	見ませんでした 보지 않았습니다	
食べる 먹다	食べます 먹습니다	食べました 먹었습니다	食べません 먹지 않습니다	食べませんでした 먹지 않았습니다	
3그룹					
する 하다	します 합니다	しました 했습니다	しません 하지 않습니다	しませんでした 하지 않았습니다	
来る 오다	来ます 옵니다	来ました 왔습니다	来ません 오지 않습니다	来ませんでした 오지 않았습니다	

	〜ない 〜(하)지 않는다	〜なかった 〜(하)지 않았다	〜よう 〜(하)자, 〜(해)야지	〜られる 〜(할) 수 있다	〜たい 〜(하)고 싶다
	会わない 만나지 않는다	会わなかった 만나지 잃있다	会おう 만나지, 만나야지	会える 만날 수 있다	会いたい 만나고 싶다
	勝たない 이기지 않는다	勝たなかった 이기지 않았다	勝とう 이기자, 이겨야지	勝てる 이길 수 있다	勝ちたい 이기고 싶다
	座らない 앉지 않는다	座らなかった 앉지 않았다	座ろう 앉자, 앉아야지	座れる 앉을 수 있다	座りたい 앉고 싶다
	死なない 죽지 않는다	死ななかった 죽지 않았다	死のう 죽자, 죽어야지	死ねる 죽을 수 있다	死にたい 죽고 싶다
	遊ばない 놀지 않는다	遊ばなかった 놀지 않았다	遊ぼう 놀자, 놀아야지	遊べる 놀 수 있다	遊びたい 놀고 싶다
	飲まない 마시지 않는다	飲まなかった 마시지 않았다	飲もう 마시자, 마셔야지	飲める 마실 수 있다	飲みたい 마시고 싶다
	歩かない 걷지 않는다	歩かなかった 걷지 않았다	歩こう 걷자, 걸어야지	歩ける 걸을 수 있다	歩きたい 걷고 싶다
	急がない 서두르지 않는다	急がなかった 서두르지 않았다	急ごう 서두르자, 서둘러야지	急げる 서두를 수 있다	急ぎたい 서두르고 싶다
	話さない 이야기하지 않는다	話さなかった 이야기하지 않았다	話そう 이야기하자, 이야기해야지	話せる 이야기할 수 있다	話したい 이야기하고 싶다
	帰らない 돌아가지 않는다	帰らなかった 돌아가지 않았다	帰ろう 돌아가자, 돌아가야지	帰れる 돌아갈 수 있다	帰りたい 돌아가고 싶다
	見ない 보지 않는다	見なかった 보지 않았다	見よう 보자, 봐야지	見られる 볼 수 있다	見たい 보고 싶다
	食べない 먹지 않는다	食べなかった 먹지 않았다	食べよう 먹자, 먹어야지	食べられる 먹을 수 있다	食べたい 먹고 싶다
	しない 하지 않는다	しなかった 하지 않았다	しよう 하자, 해야지	できる 할 수 있다	したい 하고 싶다
	来ない 오지 않는다	来なかった 오지 않았다	来よう 오자, 와야지	来られる 올 수 있다	来たい 오고 싶다

	사전형	~ろ ~(해)라	~な ~(하)지 마	~と ~(하)면	~ば ~(하)면	~たら ~(하)면	~なら ~(하)면
1그룹	会う 만나다	会え 만나라	会うな 만나지 마	会うと 만나면	会えば 만나면	会ったら 만나면	会うなら 만난다면
	勝つ 이기다	勝て 이겨라	勝つな 이기지 마	勝つと 이기면	勝てば 이기면	勝ったら 이기면	勝つなら 이긴다면
	座る 앉다	座れ 앉아라	座るな 앉지 마	座ると 앉으면	座れば 앉으면	座ったら 앉으면	座るなら 앉는다면
	死ぬ 죽다	死ね 죽어라	死ぬな 죽지 마	死ぬと 죽으면	死ねば 죽으면	死んだら 죽으면	死ぬなら 죽는다면
	遊ぶ 놀다	遊べ 놀아라	遊ぶな 놀지 마	遊ぶと 놀면	遊べば 놀면	遊んだら 놀면	遊ぶなら 논다면
	飲む 마시다	飲め 마셔라	飲むな 마시지 마	飲むと 마시면	飲めば 마시면	飲んだら 마시면	飲むなら 마신다면
	歩く 걷다	歩け 걸어라	歩くな 걷지 마	歩くと 걸으면	歩けば 걸으면	歩いたら 걸으면	歩くなら 걷는다면
	急ぐ 서두르다	急げ 서둘러라	急ぐな 서두르지 마	急ぐと 서두르면	急げば 서두르면	急いだら 서두르면	急ぐなら 서두른다면
	話す 이야기하다	話せ 이야기해라	話すな 이야기하지 마	話すと 이야기하면	話せば 이야기하면	話したら 이야기하면	話すなら 이야기한다면
	帰る 돌아가다	帰れ 돌아가	帰るな 돌아가지 마	帰ると 돌아가면	帰れば 돌아가면	帰ったら 돌아가면	帰るなら 돌아간다면
2그룹	見る 보다	見ろ 봐라	見るな 보지 마	見ると 보면	見れば 보면	見たら 보면	見るなら 본다면
	食べる 먹다	食べろ 먹어라	食べるな 먹지 마	食べると 먹으면	食べれば 먹으면	食べたら 먹으면	食べるなら 먹는다면
3그룹	する 하다	しろ・せよ 해라	するな 하지 마	すると 하면	すれば 하면	したら 하면	するなら 한다면
	来る 오다	来い 와라	来るな 오지 마	来ると 오면	来れば 오면	来たら 오면	来るなら 온다면

~られる ~(하)게 되다 / ~(하)시다	~させる ~(하)게 하다	~させられる (억지로/어쩔 수 없이) ~(하)다
会われる 만나게 되다 / 만나시나	会わせる 만나게 하다	会わせられる・会わされる (어쩔 수 없이) 만나다
勝たれる 이기게 되다 / 이기시다	勝たせる 이기게 하다	勝たせられる・勝たされる (어쩔 수 없이) 이기다
座られる 앉게 되다 / 앉으시다	座らせる 앉게 하다	座らせられる・座らされる (어쩔 수 없이) 앉다
死なれる 죽게 되다 / 죽으시다	死なせる 죽게 하다	死なせられる・死なされる (어쩔 수 없이) 죽다
遊ばれる 놀게 되다 / 노시다	遊ばせる 놀게 하다	遊ばせられる・遊ばされる (어쩔 수 없이) 놀다
飲まれる 마시게 되다 / 마시시다	飲ませる 마시게 하다	飲ませられる・飲まされる (어쩔 수 없이) 마시다
歩かれる 걷게 되다 / 걸으시다	歩かせる 걷게 하다	歩かせられる・歩かされる (어쩔 수 없이) 걷다
急がれる 서두르게 되다 / 서두르시다	急がせる 서두르게 하다	急がせられる・急がされる (어쩔 수 없이) 서두르다
話される 이야기하게 되다 / 이야기하시다	話させる 이야기하게 하다	話させられる (어쩔 수 없이) 이야기하다
帰られる 돌아가게 되다 / 돌아가시다	帰らせる 돌아가게 하다	帰らせられる・帰らされる (어쩔 수 없이) 돌아가다
見られる 보게 되다 / 보시다	見させる 보게 하다	見させられる (어쩔 수 없이) 보다
食べられる 먹게 되다 / 드시다	食べさせる 먹게 하다	食べさせられる (어쩔 수 없이) 먹다
される 되다 / 하시다	させる 시키다	させられる (어쩔 수 없이) 하다
来られる 오게 되다 / 오시다	来させる 오게 하다	来させられる (어쩔 수 없이) 오다

221

223